Família
A BASE DE TUDO

PABLO MARÇAL & CA

KING BOOKS

ENCONTRE MAIS
LIVROS COMO ESTE

Copyright desta tradução © IBC - Instituto Brasileiro De Cultura, 2024

Reservados todos os direitos desta tradução e produção, pela lei 9.610 de 19.2.1998.

1ª Impressão 2024

Presidente: Paulo Roberto Houch
MTB 0083982/SP

Coordenação Editorial: Priscilla Sipans
Coordenação de Arte: Rubens Martim

Vendas: Tel.: (11) 3393-7727 (comercial2@editoraonline.com.br)

Projeto Gráfico e Editorial: Editora Plataforma
Coordenação editorial: Elisangela Freitas e Felipe Mouzinho
Capa: Lucas Figueiredo

Foi feito o depósito legal.
Impresso no Brasil

Dados Internacionais de Catalogação na Publicação (CIP)
de acordo com ISBD

M313f   Marçal, Pablo

          Família a Base de Tudo / Pablo Marçal, Carol Marçal. - Barueri : King Books Editora, 2024.
          144 p. ; 15,1cm x 23cm.

          ISBN: 978-65-981421-2-4

          1. Autoajuda. I. Marçal, Carol. II. Título.

2023-3760   CDD 158.1
                               CDU 159.947

Elaborado por Odilio Hilario Moreira Junior - CRB-8/9949

IBC — Instituto Brasileiro de Cultura LTDA
CNPJ 04.207.648/0001-94
Avenida Juruá, 762 — Alphaville Industrial
CEP. 06455-010 — Barueri/SP
www.editoraonline.com.br

SUMÁRIO

CAPÍTULO 1
IDENTIDADE REAL... 9

CAPÍTULO 2
CASAMENTO ORIGINAL 33

CAPÍTULO 3
RELACIONAMENTO INABALÁVEL.. 51

CAPÍTULO 4
SEXOS APAIXONANTES.. 69

CAPÍTULO 5
GERAÇÃO DE PATRIMÔNIO FAMILIAR 85

CAPÍTULO 6
POTENCIALIZAÇÃO DE FILHOS 111

CAPÍTULO 7
A CAIXA PRETA.. 133

INTRODUÇÃO

Antes de começar a ler este livro, confira aqui o recado que o casal, Pablo e Carol Marçal, deixou para você

Neste livro, eu e a Carol abrimos as portas de nossa casa para ajudar você a elevar sua família a outro nível, em todas as áreas, a patamares que você nunca imaginou. Esteja preparado porque você desejará viver coisas que nem sabia que sua alma poderia almejar. Talvez, quando se casou, tenha sonhado e feito planos para sua família, porém, pode estar vivendo momentos muito diferentes. Mas, se está lendo este conteúdo tão especial, é porque vamos desvendar juntos aquilo que tem incomodado você na sua atual realidade e lhe mostrar como modificar esses resultados. O que você precisa fazer é colocar em prática, na sua família, tudo o que aprenderá!

Vamos ajudar você a criar uma proteção sobre a sua família e sobre a sua casa. Enquanto escrevemos este livro, eu e Carol temos 16 anos de convivência, tempo em que adquirimos certa bagagem e podemos transbordar coisas que vão acelerar o seu processo de crescimento enquanto família. Aqui vai mais uma dica: quando nos associamos com pessoas que possuem mais conhecimento do que nós, aceleramos nosso processo de crescimento e, rapidamente, a nossa família se torna modelo e inspiração para outras.

Falaremos sobre a primeira família, que é a Trindade; a segunda família, que é a nossa, quando éramos filhos, no modelo estabelecido por nossos pais; e a terceira família, que é a que você está construindo hoje, dando continuidade a esse projeto de Deus: você, seu cônjuge e seus filhos, que – quando se casarem – lhe darão netos e a família continuará crescendo.

Nós abordaremos muitos assuntos aqui porque estamos em busca de famílias que crescerão e transbordarão na vida de outros casais. Eu não escrevo apenas para meus leitores corriqueiros, mas quero que você que está lendo este livro tenha um casamento pleno, uma família plena, que seja próspero financeira, emocional e espiritualmente, que seus filhos o respeitem, que seus pais deixem de "encher o saco" e que você possa ser alguém digno de resgatar outras pessoas e outras famílias que estão se afogando.

Por isso, a família é a BASE DE TUDO, de todas as coisas e, quando você entende isso, cria um mecanismo de defesa para que sua família não sofra danos. Toda edificação está sobre uma estrutura que a suporta, que é a sua base.

Este é o assunto que abordaremos neste livro. Antes da fundação do mundo, a base já existia. Não existe nação, religião, partido político, empresa ou grupos ordenados que sejam superiores a essa instituição. Na verdade, isso que chamamos de A BASE DE TUDO é a maior instituição da existência e preexistência humana. A maior instituição de todas, da qual fazemos parte, é a FAMÍLIA.

CAPÍTULO 1

IDENTIDADE REAL

A PRIMEIRA FAMÍLIA

A identidade real começa no modelo espiritual de família existente antes da fundação do mundo e representa **a primeira família,** a grande referência que temos. Estamos falando da Trindade: **O Pai, o Filho e o Espírito Santo**. Deus poderia ser uma única pessoa, mas escolheu não ser. Isso nos mostra o quanto Ele valoriza o relacionamento. A Trindade precisa fazer parte de nossa família e, de certa forma, a família é a representação dessa Trindade aqui na Terra. Pelas características doces e consoladoras do Espírito Santo, podemos dizer que Ele é representado pela figura da mulher, da mãe, não que o Espírito Santo seja do sexo feminino, já que a Bíblia não fala isso; é apenas uma analogia. Os filhos são como a representação de Jesus, e o marido, o pai, é o que representa a figura de Deus dentro da família.

Já ouviu falar em *Pericorese*? É um termo da teologia cristã que significa mútuo entrelaçamento entre as pessoas da Trindade, é tudo o que a Trindade fazia antes da fundação do mundo, um movimento, uma dança entre Pai, Filho e Espírito Santo. É algo lindo de observarmos, pois relata a harmonia que já existia entre essa família chamada Trindade.

Exercício:

Sabemos que a família é um alicerce e é representada aqui na Terra pelo Pai (Deus), Filho (Jesus) e a Mãe (Espírito Santo, espírito doce e consolador). A unidade desses três é poderosíssima. O que você pode fazer para gerar mais unidade dentro da sua família?

_____

_____

_____

_____

A DESTRUIÇÃO DA FAMÍLIA

Antes de mergulharmos na *Base de tudo*, que é a sua família, quero falar sobre a destruição das famílias, que é algo intencional, provocado por Karl Marx, criador das bases da doutrina comunista, de onde surgiu o marxismo que, de certa forma, foi instalado dentro da sua casa sem que você percebesse. O idealizador dessa cultura tinha sérios problemas com seu pai, possuía instrução judaica, era um playboy da época e mal sabia escrever. Ele se associou a Friedrich Engels e juntos tiveram a ideia de criar uma sociedade igualitária.

De início, talvez possa parecer algo muito bom, mas não é possível todos serem iguais dentro de uma sociedade. Somos todos à imagem e semelhança do Criador, porém Ele não nos trata de forma igualitária; também não faz acepção de pessoas, mas é certo que Ele tem filhos mais íntimos. Não tem como falar que Moisés, Enoque e Elias não eram queridos de Deus, dentre muitas outras pessoas, que se enxergaram de uma forma diferente e, a partir disso, quiseram ficar mais perto dEle.

Se Deus nos tratasse da mesma forma, Ele teria criado apenas o céu ou apenas o inferno. Ele criou os dois lugares para que tenhamos escolha e cada um de nós possa ir para onde quiser. Estou lhe falando isso, pois você já aprendeu que a família é a representação da Trindade aqui na Terra e que uma das formas de quebrar essa imagem de

Deus é acabar com as famílias. Esse plano é antigo e está em ação há tempos. Existem informações e dados que nos mostram que as ideologias e regimes políticos, como o socialismo, o comunismo e outros da mesma linha de pensamento, mataram mais de 200 milhões de pessoas na Terra, muito mais do que as pragas e doenças que assolam a humanidade.

Nesse movimento "igualitário", eles queriam tirar os bens das famílias que tinham mais e distribuir para as que tinham menos. Quem não tem é porque não produz, e esse idealismo nunca vai funcionar na Terra.

Naquela época, os patriarcas reagiam às investidas contra suas famílias, matando as pessoas que se levantavam com o propósito "igualitário", e por isso, tais pessoas não conseguiram estabelecer a desejada forma de sociedade. Diante dessa resistência por parte do patriarcado, eles perceberam que precisavam de uma nova ideia e foi quando surgiu, na década de 20, Antonio Gramsci, filósofo e político italiano que reformulou o marxismo de alto impacto para marxismo cultural, agindo de forma lenta, década após década, para modificar os pensamentos e comportamentos da sociedade.

Você deve ter estranhado quando eu disse que o marxismo está dentro da sua casa, mas é porque ele vem sendo implantado há décadas e nunca se ouviu falar disso. Por exemplo, quando olhamos para mulheres viris, que assumem o lugar dos homens na casa, para homens que perdem a autoridade do patriarcado ou para filhos rebeldes, vemos que tudo isso é fruto do marxismo cultural. A família sendo destruída é algo que não podemos ignorar, pois, sem ela, não teremos nada.

Antes a ideia era tomar os bens à força. O patriarca brigava e defendia os bens da sua família, por isso, o marxismo cultural busca ferir a imagem e autoridade do homem para que ele perca o poder de proteger sua família.

Na realidade atual, as pessoas não produzem mais bens porque se tornaram consumidoras. As famílias deixaram de ser impérios e perderam o reinado. O marxismo cultural está fazendo com que você troque de papel com seu cônjuge e tenha uma série de comportamentos disfuncionais, para enfraquecer e reconfigurar sua família, sua casa.

Estamos tão envolvidos com tanta informação, que parece sutil e imperceptível a nós essa intencionalidade de destruir a família, a imagem do homem, da mulher e a educação dos filhos.

Para analisar o que o marxismo cultural está fazendo, lembre-se do desenho "Os Simpsons" (se você não conhece, assista alguns episódios). Nele podemos observar a desconstrução moral de uma família e esse é o desenho mais assistido na face da Terra. O pai é um idiota, o pior funcionário da usina onde trabalha, o bêbado do bar e não tem o respeito dos filhos. Quando olhamos para o desenho da Peppa Pig, vemos que ela não xinga ninguém, mas se refere ao pai como "Papai bobinho". Já reparou nisso? Atente também para os desenhos da Disney. Não existe uma família tradicional, pois eles não acreditam nesse modelo de família e há uma intenção oculta por trás de tudo isso da qual talvez você nunca tenha ouvido falar.

Minha intenção não é combatê-los, nem falar de marxismo. Desejo que você busque conhecimento e tire essa cultura de dentro de sua casa. **Você precisa entender que a família é uma base e se quiser salvar e defender a sua base, precisará expulsar a cultura marxista de dentro da sua casa.**

Exercício:

Pesquise sobre o marxismo cultural e identifique como ele tem afetado sua família.

_____

_____

_____

_____

A verdade é que você foi enganado. Hoje em dia as pessoas não querem mais ter filhos, não querem se casar, mas o que eu acho mais interessante é que a Bíblia explica há milênios que, nos últimos dias, as pessoas falariam contra o casamento. Só para você ter uma ideia cultural e histórica com relação às nações, quando uma nação é formada por casais que não possuem uma média de 1,9 filho por casal, essa cultura desaparece ao longo do tempo. Isso não é uma brincadeira! Alguns países chegam a pagar para os casais se reproduzirem porque as culturas deixarão de existir.

Sabe qual é o engano?

Você NÃO sabe qual foi o engano! Fizeram você acreditar que não deve ter filhos porque você se acha tão ruim que não vale a pena ser reproduzido. Essa sociedade atual e esses movimentos contra a família estão pregando uma coisa linda que é a sua falsa sensação de liberdade. Com isso, as famílias estão sendo destruídas aos poucos, de modo que você não percebe.

Em 2020, o marxismo cultural completou 100 anos. Esse movimento é conhecido por pessoas que militam contra a família.

Por que querem atacar a base de tudo? Porque se você ataca a base de tudo, ataca o reflexo, a glória do Deus vivo na Terra.

A BASE

Se sua base estiver errada, sua construção ficará torta. Se errar na base, compromete o acabamento e toda a construção. Mude a base porque a base de tudo é a família e ela se constrói na identidade, unidade e linguagem.

A base resolve tudo. Se a sua base estiver bem conectada, tudo o que construir em cima vai funcionar: vida espiritual, sexual, amigos, negócios, porque a base está firme. Uma coisa é construir um prédio na areia; e outra, na rocha. A rocha é Cristo. Ele é a base de todas as coisas.

Você que errou com seu cônjuge, por meio de engano, sexualidade, traição, deslealdade com os filhos, no mundo dos negócios ou trocou sua família por dinheiro, pode parar onde caiu e voltar atrás. As misericórdias de Deus se renovam a cada manhã; basta querer fazer diferente.

Há muita coisa que você acha que é óbvio para seu cônjuge e tem certeza de que ele sabe, mas você nunca falou para ele! O casamento é uma caminhada para o resto da vida. Traga clareza para o relacionamento por meio da conversa, porque a base de tudo é para reconstruir os fundamentos e não os explodir e jogar tudo para cima, digo isso porque eu sei que você foi doutrinado a jogar tudo para o alto.

Quantos casamentos poderiam ser restaurados sem o ensinamento de que "se me traiu, é uma vez só"? Se Deus renova Sua misericórdia todos os dias, você também precisa renovar. Às vezes, você não tem um ar de misericórdia, mas já pensou que você já traiu Deus, seus pais, seus amigos, em contratos, ou que você os trai direto?

Seja forte e corajoso(a) para vencer na vida e nada abalar você. Acreditamos na geração de valor, na restauração e na estruturação do casamento.

AS SETE CAMADAS DA IDENTIDADE

Para resgatar a identidade e os papéis de cada um dentro da família, precisamos começar a recuperar a nossa própria identidade. Faremos uma breve abordagem sobre o assunto.

A primeira camada é o projeto: o que Deus diz a seu respeito.

A segunda camada é a autoimagem: o que as pessoas em quem você confia dizem sobre você.

A terceira camada denominamos autoconhecimento: seu movimento para dentro de si mesmo, descobrindo seus limites e potenciais.

A quarta camada é o corpo: seu coeficiente intelectual (QI), em que atua seu raciocínio, suas tomadas de decisão e sua razão.

A quinta camada é a alma e chamamos de quociente emocional (QE), em que atua sua mente, vontade e emoções. A mente exerce governo sobre a vontade e sobre o corpo. É onde reside a sabedoria e o conhecimento.

A sexta camada é seu espírito e chamamos de quociente espiritual (QS), em que temos o relacionamento com o Criador e o propósito de vida que, se não estivermos conectados com Deus, não conseguiremos acessar.

A sétima é a camada da plenitude, que traz por evidência o transbordo, como uma caixa d'água quando está cheia e começa a vazar água por cima.

Em qual camada você está?

Exercício:
Em qual camada da identidade você se encontra e o que você vai fazer para mudar de nível?

_____

_____

_____

_____

PATERNIDADE E MATERNIDADE

Vamos estabelecer que, sem a figura de um pai e de uma mãe, não há como criarmos filhos emocionalmente saudáveis. Por mais que a mãe se dedique e dê seu melhor para criar um filho sozinha, nunca conseguirá suprir tudo aquilo que representa a figura paterna para seus filhos. Um adulto que não teve a figura paterna bem definida é um adulto com muitos bloqueios e carências. Os filhos precisam ter dois referenciais. É importante para uma família, nos moldes tradicionais, que cada um desempenhe de forma clara o seu papel.

Quantas vezes, inconscientemente, tentamos bloquear o acesso do nosso cônjuge aos nossos filhos, por não concordarmos com sua opinião, por não confiarmos plenamente na capacidade de o outro exercer seu papel, ou ainda por um propósito de vingança velada. A mulher é instintivamente mais protetora e é preciso muito cuidado nessa proteção, para não bloquear o pai de cumprir o seu papel. Não é possível um pai imprimir doçura na vida de uma menina, assim como não é possível uma mãe ensinar virilidade ao seu filho, por isso a importância de que cada um cumpra seu papel.

Se existem as duas figuras dentro da sua família, é importante que cada um tenha seu papel bem definido, respeitando o papel um do outro, concordando ou não com a forma com que ele ou ela atuem. Caso discorde e precise pontuar, não faça isso na frente dos seus filhos, mas conversem em particular, pois as crianças são superinteligentes e certamente vão absorver algo negativo dessa discordância. Se falta uma dessas figuras na sua família, procure substituir por outra pessoa. No caso das mães solteiras, busque por um avô, um tio, alguém de confiança e que consiga suprir de alguma forma e colocar a semente da virilidade na vida dos seus filhos.

É importante que você perceba o resultado e o efeito que a figura paterna e a materna agregaram na sua criação. Muitos adultos têm problemas nessa área, pela falta de uma dessas figuras ou até mesmo pelo *déficit* de cuidados e zelo que eles possam ter vivido, e só quem passou sabe o que isso lhe causou e o que precisou ressignificar por conta dessa falta. Portanto, dê o seu melhor para seus filhos e, se ainda sofre as dores da relação com seus pais, busque de alguma forma a solução desse problema para que ele não o impeça de transbordar.

Muitos dos problemas que temos na vida adulta se originaram na infância e precisamos refletir sobre isso: como está sua vida hoje em relação aos seus pais e à criação que teve? O que você precisa superar e ressignificar? Será que foi uma rejeição, um abuso ou um abandono? Todos nós precisamos resolver essas questões! Reflita! O que precisa fazer para que a criação dos seus filhos seja diferente da que você recebeu? É fundamental essa clareza para que eles tenham uma referência saudável de mãe e de pai.

Exercício:

Transborde o que você aprendeu neste capítulo na vida de pelo menos 3 pessoas (pode fazer isso por telefone).

TRÊS TIPOS DE HOMENS E TRÊS TIPOS DE MULHERES

Abra sua mente para olhar para dentro de si e identificar se vem sendo o tipo de homem ou de mulher com perfil errado na sua família. É preciso ativar sua consciência. Fizemos algumas *lives* sobre os tipos de homens e de mulheres que existem e o impacto desses comportamentos nas famílias. Percebemos o desconhecimento das pessoas sobre o assunto e nosso coração se comoveu em ver tantas famílias desestruturadas pela falta de compreensão e clareza desse tema e, assim, surgiu este livro.

Agora veremos os três tipos de homens e os três tipos de mulheres para ver em qual perfil você se encaixa e o que precisa fazer. Mas você precisa entender que a primeira coisa para um casamento prosperar é a definição de papéis, porque a maior crise atual é de identidade e a única pessoa para a qual você precisa correr e atacar diariamente é você mesmo. Não é atacar o seu passado ou futuro, mas sim o agora! A maior guerra é a crise existencial, é saber responder de onde você veio e para onde você vai. Essas respostas lhe mostrarão o que precisa fazer. Onde está a chave? Na identidade. Se sua configuração estiver errada, seu resultado também estará errado.

Então, preste atenção: o problema na sua identidade atinge todas as áreas porque identidade é essência, como um perfume.

Carol teve uma excelente criação por parte de seus pais, mas, como quase todas as mulheres de sua geração, ela chegou ao casamento com um comportamento um pouco viril. Ela dizia que se eu não fizesse tal coisa ela mesmo resolveria, "metia os pés" e fazia. **A** maioria das mulheres foram preparadas para serem independentes e isso é muito ruim. Talvez você, mulher, assim como a Carol, não seja completamente viril, mas tenha alguns traços em seu comportamento porque seus pais, avós e até mesmo professores incutiram essa forma de agir em sua cabeça. É possível transitar entre os três tipos de perfis e ter um percentual de cada um, mas o ideal é que a mulher seja completamente feminina e isso não quer dizer que tenha de ser otária. Quando falamos da mulher feminina, nós nos referimos ao perfil ideal para ela gastar menos energia na vida. Não queremos colocar um limitador em você, muito pelo contrário, nossa intenção é que todo esse aprendizado seja uma base para se chegar a outros patamares, muito além do que já viveu ou alcançou até agora.

A maior dificuldade para uma mulher viril é permitir o direcionamento pelo seu marido e parceiro de vida. Ela é controladora e, inconscientemente, quer ter o domínio das mínimas coisas, da vida do marido e da vida dos filhos. Sua grande dificuldade é sair do comando e deixar as coisas fluírem e as pessoas tomarem decisões por conta própria, mesmo que sejam decisões erradas. A mulher pode saber o que fazer, mas, quando direcionada pelo marido e agindo em comum acordo com ele, desfruta do cuidado e da proteção dele, exercendo o papel para o qual foi chamada.

As mulheres foram programadas desde a infância para serem independentes. A questão é que nós somos o que a sociedade nos ensina. Vivemos em uma sociedade que ainda é muito machista.

Depoimento da Carol: Cresci em uma estrutura familiar na qual tive um exemplo de um relacionamento estruturado. Meus pais têm 30 anos de casados e, mesmo passando por muitas dificuldades, eu os vi se levantar e continuar. Eles não desistiram do casamento. Então, esse foi o referencial que eu tive. Lembro-me de que, aos 13 anos, aprendi com esse modelo dos meus pais que deveria casar para me manter casada e constituir uma família. Uma vez, eu falei perto dos meus pais: "Eu vou fazer isso porque se um dia eu casar e não der certo, tenho como me sustentar e me resolver na vida". Esse pensamento parece algo bom, mas é uma mentalidade que, se nós alimentarmos, torna-se algo destrutivo que, em algum momento, vai minar o relacionamento.

O que nós aprendemos desde a infância? Precisamos ser independentes e saber nos virar sozinhas. Essa é uma perspectiva pela qual, se a mulher e o homem não forem bem resolvidos quando entrarem no casamento, não se mantêm casados. Mas, dependendo da forma como vocês entram no casamento, viram dois caminhões chocando de frente, e a batida vai ser dolorida porque não tiveram a mentalidade preparada.

Nós fomos preparadas para o mercado de trabalho, para viver um estilo de vida que as nossas mães não tiveram e quando iniciamos uma família temos essa dificuldade porque foi algo que as nossas avós viveram e nossa geração quebrou totalmente, ou seja, você que tem a responsabilidade de resgatar valores com a ótica e a visão correta.

Os três tipos de homens são: emasculado, afeminado e viril. Os emasculados são aqueles que idolatram a mãe e repudiam a esposa; acabam se aproximando de mulheres dominantes, com perfil parecido com o de suas mães. Emasculados dificilmente se casam com mulheres femininas, pois estas sempre buscam um parceiro viril. O efeminado age e se comporta como uma mulher. E o viril é o patriarca, aquele que rege sua casa, ama e respeita sua mulher, assume as responsabilidades que lhe cabem e não abre mão de seu papel.

O primeiro tipo e predominante é o emasculado e o segundo é o efeminado ou afeminado – esses perfis não se referem à sexualidade. O terceiro tipo de homem é o que menos há na sociedade hoje: o homem viril.

O HOMEM VIRIL

O homem viril gosta de acordar cedo, vencer na vida, se antecipar, estar à frente. É competitivo, "come quina de parede e gosta de chupar o fruto". É o homem que, quando a esposa sai do banheiro pelada, olha para o fruto. Ele não é o homem perfeito, mas vai "pras cabeças" mesmo. Como os homens foram canalhas nessas últimas décadas, criou-se uma repulsa acerca da figura do homem e de forma intencional para destruir a família. O homem viril é confundido com o machista e criou-se uma cultura de que todo homem é estuprador.

Entenda, o machismo não cura o feminismo. O feminismo é o curativo que tenta curar o câncer chamado machismo. O que é o machismo? São homens desvalorizando mulheres. E o que é o feminismo? Mulheres tentando se igualar aos homens, mas não tem como a Carol ser igual ao Pablo e nem o contrário! Carol tem que ser menos inteligente para ser igual a mim, Pablo, porque, quimicamente falando, as mulheres são mais inteligentes do que os homens.

Os homens que desvalorizam mulheres são machistas. E se você, mulher, tenta se igualar aos homens, entenda que você é mais frágil na estrutura óssea e só isso já a torna diferente. Deus não nos fez iguais.

O homem viril está em falta no mercado, por isso quando encontrá-lo, aproveite, mas não adianta achar que existe homem perfeito porque ele terá traços de emasculados. Homem viril, cuidado, porque às vezes sua virilidade passa do ponto!

O HOMEM EMASCULADO

O perfil emasculado é o que mais é encontrado, por uma questão cultural, por um comportamento que foi estabelecido há um século. A imagem do homem está sendo denegrida e passamos de dois extremos: do primeiro, o homem agressivo, machista, possessivo e que não respeita em nada a mulher, para o segundo, homens afeminados, que não saem da barra da saia da mãe, não adquirem maturidade e que são meninos. Isso é culpa dos pais, pois foi passado de geração para geração.

As mães identificaram esse primeiro comportamento e não desejaram essa imagem e comportamento para os filhos, daí começaram a tratar os filhos como os queridinhos. Já a menina tinha que trabalhar e ser independente desde cedo e hoje colhemos os frutos desse comportamento com homens fracos que não sabem tomar decisão, pois não tiveram referencial, e não sabem cuidar da sua família.

A Alemanha era uma nação com homens altamente viris, mas depois das duas guerras mundiais perdeu os patriarcas, ficando os homens emasculados. Os homens viris eram reprimidos pois eram comparados a Hitler. As mulheres começaram a governar sobre as casas e as crianças cresceram sem a figura do pai viril. Logo, a figura paterna foi desconfigurada e os homens começaram a ter o comportamento das mães e, consequentemente, a idolatrá-las. O comportamento do homem emasculado é repudiar a esposa e idolatrar a mãe. Não conserta nada em casa, não vence na vida e não tem habilidades para ganhar mais do que a esposa. Além disso, não encara o "fruto" e se você pedir para ele chupar e ele responder que está com sono, é um emasculado de marca maior. Eles são a maioria na Terra.

O HOMEM EFEMINADO OU AFEMINADO

O homem efeminado copia e faz modelagem da própria mulher. Ele exalta os traços da mulher. Há muito homem efeminado que não é homossexual. Isso não tem relação com a sexualidade.

Os três tipos de mulheres são: feminina, viril e masculinizada. A masculinizada age e se comporta como um verdadeiro homem. A viril, como falamos acima, assume o papel "masculino", vai à frente e quer assumir um papel que não é dela, o de patriarca. A feminina é a mulher que sabe reconhecer o marido como patriarca, se permite ser cuidada e amada e não abre mão do seu papel.

MULHER VIRIL

A mulher viril é "top" exteriormente, mas é briguenta, birrenta, mesmo que por fora pareça doçura, por dentro é um café amargo. Você tem que ter cheiro de baunilha, e não de café amargo. Sabe aquela mulher amarga? Essa é a mulher viril. Ela foi programada para ser independente, altamente segura e não precisar de nada, nem de Deus. Inconscientemente, são controladoras, querendo dominar os filhos e o marido.

MULHER FEMININA

A mulher feminina é considerada como otária, trouxa, mas não é. Ela assume o papel de mulher e não se importa com os rótulos. Ela se permite ser amada e cuidada.

MULHER MASCULINIZADA

A mulher masculinizada é a que modela o comportamento de um homem, "vai pras cabeças, vai para a porrada". Ela nem percebe que lhe foi inserida a mentalidade de ser masculinizada, pois foi muito sutil e como se fosse algo benéfico. Hoje colhemos os frutos disso.

Então, relembrando, a mulher viril é doce quando se olha, mas é rancorosa e tem cheirinho de café. A masculinizada é amarga por dentro e por fora. A mulher feminina é doce igual ao morango.

Muito provavelmente, o viril buscará uma feminina e um emasculado atrairá uma viril. Para que isso mude, é preciso alterar o comportamento de cada perfil e se adequar ao novo. Uma viril atrairá um emasculado e, para que ela atraia um homem viril, tem que alterar seu comportamento para feminina.

A família precisa desses ajustes. Busquem alinhar o lar de vocês.

OS PERFIS SE ENCAIXAM

Agora imagine os cenários: um homem viril casando com uma mulher masculinizada. O que vai acontecer? Vias de fato, os dois vão "pra porrada". Se o homem viril casa com a mulher feminina, tem menor probabilidade de brigas, maior de prosperar e há mais paciência na relação de um com o outro. Isso, porém, não assegura o sucesso do casal porque o homem precisa ter caráter, ser uma nova criatura em Deus e gostar de trabalhar. O homem emasculado quer casar com uma mãe, ele quer a mulher viril e a mulher viril quer casar com um emasculado porque consegue controlá-lo. Já se a mulher viril casar com um homem viril de verdade, haverá choque todos os dias.

O que mais se vê são mulheres que precisam resolver o mundo e um monte de homens "bananas" (sem atitude), só que essas mulheres que precisam resolver tudo se tornaram amargas e estão morrendo por dentro.

É importante entender que os perfis se conectam porque a mulher feminina se conecta com o homem viril. A mulher viril se conecta com o emasculado e o casal viril vive em conflito. Quando você vir uma mulher viril já dá para saber com quem ela está casada, porque ela quer um escravo.

Durante os 10 anos de casamento, tivemos que aprender a nos relacionar, pois Carol chegou com traços de virilidade, querendo mandar. Então, ela aprendeu o poder da submissão – que não é ser otária.

Fica a pergunta: qual é o grande código por trás dos perfis? Se você identificou o seu perfil e não gostou, saiba que até merda muda, por que você não pode mudar? Merda vira esterco e ela aduba uma planta, que pode ser a sua própria família.

Aprenda uma coisa: mulher não cura homem e homem não cura mulher. O cérebro modela. Somos um produto do meio, a média de onde vivemos. Para o homem mudar, ele precisa copiar a frequência, precisa modelar, andar com homens com quem deseja parecer. Quer ser agressivo? Ande com lutadores, com homens que pegam na enxada. O homem emasculado precisa ativar a virilidade. O homem viril precisa moldar o coração para não ser idiota e ser manso. Moisés foi o homem que quebrou tudo, mas foi o mais manso e humilde da Terra. É possível! O homem efeminado precisa de um pai, precisa desconectar do cordão umbilical da mãe de forma física, emocional e espiritual.

Quando voltei da lua de mel, chorei muito e fiz uma ruptura porque lembrei de que minha mãe não colocaria mais comida no meu

FAMÍLIA — A BASE DE TUDO

prato, dentre outras coisas e pensei: "Já era! Minha mãe foi trocada, o cordão foi cortado". Falei para ela: "Mãe, a Carol é minha esposa e a pessoa mais importante". Foi dolorido, mas precisava cortar isso porque eu era emasculado. Tinha uma tendência natural de proteger minha mãe devido ao divórcio deles e a tornava minha protegida. Eu a idolatrava. Não tem como não ser emasculado. Você conhece o emasculado pela idolatria com a mãe e repulsa com a esposa. Tome cuidado, porém, para não ir ao extremo da desonra.

Para saber se o marido é emasculado ou afeminado, tire a roupa na frente dele e coloque "o fruto" na cara dele. O homem viril vai cheirar, o emasculado vai evitar. Não adianta querer colocar a culpa no outro. Estamos falando dos dois, marido e mulher. Se você for uma mulher viril e não entender que precisa baixar a cerviz (a cervical) – não é ser trouxa, mas sim humilde e reconhecer os erros; deve entender que não precisa de sistema de defesa e que isso machuca você mesma e o outro. Arranque a casca que foi criada em você. Você não **é** uma mulher ou homem x ou y, você **está**!

SUBMISSÃO

Se você é submissa, vive mais em paz. Mas como ser submissa de um homem truculento, idiota ou que não quer prosperar? A submissão é horizontal, não vertical. Se você acha que seu marido é seu patrão, você não está à luz das Escrituras. Se coloca seu marido como seu líder vertical, você é escrava dele. A submissão não é na vertical, é na horizontal porque o homem vai na frente. Enquanto Carol não entendeu que eu estava pronto para morrer por ela e que ela não estava pronta para morrer por mim, não foi tão feliz.

O código da submissão é Pablo ter poder para governar e Carol para influenciar. Qual vale mais? Quem tem mais poder? Quem influencia. Prefiro ter a influência de sentar-me à mesa do presidente e dar a ele conselhos para mudar do que ser presidente, senador ou governador. Submissão é submeter-se a uma missão. Nossa missão é construir uma família com filhos fortes, saudáveis, e vou me submeter ao meu papel e fazer o meu dever. É andar em unidade, no mesmo caminho e propósito em prol de algo. Se a base estiver errada, é necessário reconstruir tudo.

A única opção é reconhecer seus erros, o que precisa transformar e fazer diferente. Não adianta apontar o dedo. Se for submissa a um homem viril de verdade, a mulher será feliz, próspera, cuidada, segura, terá atenção e ele nunca vai trocar um almoço na sua casa por qualquer outro compromisso. O problema é que as mulheres são rixosas, encrenqueiras e briguentas por natureza. Decidir ser submissa é bom, mas, na prática, no dia a dia, não é nada prazeroso, não se engane!

Tarefa: sente-se com seu cônjuge e coloque no papel o estágio em que estão, qual comportamento de cada um e conversem sem agredir um ao outro e sem acusações.

Exercício:
Mulheres – Leiam Provérbios 31.10-31 e Provérbios 14.
Homens – Leiam Colossenses 3.19 e Efésios 5.28-31.

A NOVA IDENTIDADE – SER UMA SÓ CARNE

Quase que de forma literal, quando casamos nos tornamos uma só carne com nosso cônjuge, e a junção desses *DNAs* são os filhos que nascem. São duas pessoas que vivem de forma completamente diferente, receberam criações distintas, possuem percepção de mundo diferenciada e, de repente, essas pessoas precisam andar em um só caminho e propósito. **Então, para que as coisas deem certo, é preciso que ambos abram mão de comportamentos e conceitos de vida individualizados, para se conectar com o outro.** Quando não fazemos esse movimento, a chance de dar errado é muito grande. Do que você tem aberto mão para fazer seu casamento dar certo? Porque será preciso renunciar a muitas coisas. Quando estamos solteiros, temos a impressão de que o primeiro ano de casado será maravilhoso, mas acredito que é o mais desafiador, pois você passará a conviver com uma pessoa totalmente diferente de você e vocês precisarão ajustar a rota. Para fazer dar certo e se tornarem uma só carne, será preciso muita disposição.

Mulher, em você existe uma doce sabedoria que não encontrará dentro do homem. Não adianta nós falarmos dos defeitos do outro e não tomarmos uma decisão de fazer algo. Nada de diferente vai acontecer, além do que tem sido feito até agora e não está dando certo. Falarmos do comportamento do outro não gera mudança em nós. O que vai realmente gerar a mudança é falarmos daquilo que nós podemos fazer diferente. Por isso, eu convido você a, junto conosco, aprender e estar atento ao que você pode fazer de diferente.

Para os homens, é seu dever cuidar e amar essa mulher. Você tem que amar sua mulher a ponto de morrer por ela. Se o seu casamento não vai bem, é culpa sua; não é culpa dela, embora ela tenha uma parcela de culpa, pois com certeza todos têm, mas a função principal é sua, você é o cabeça e não deve negligenciar o seu papel de homem. O homem foi feito para resolver e simplificar as coisas. Se você, como homem, tem negligenciado sua família até hoje, sua postura tem trazido discórdia, sofrimento e dor, espero que, ao ler este livro, você possa crescer conosco nisso e entender o seu papel.

Quero que olhe para seu cônjuge como se ele fosse uma criança que apresenta certas limitações. Conseguimos lidar melhor com as crianças pois sabemos que a capacidade de compreensão delas é menor do que a nossa e a mesma coisa acontece no relacionamento. Nosso cônjuge não tem a capacidade de compreensão do que é verdade para nós, do que se passa na nossa cabeça e vice-versa. É óbvio que essa compreensão é pequena, pois ele é uma outra pessoa, que pensa de modo diferente e não está dentro da sua cabeça, não vê o mundo como você vê. Se ambos tiverem essa mesma postura, as coisas fluirão de forma bem natural. Assim, a prática da abnegação e da resiliência garantem um casamento com muito menos conflitos, os quais, ao passarmos por eles, nos tornarão mais assertivos.

Exercício:

Por 21 dias, assuma o compromisso de só falar palavras de bênção para seu cônjuge e, se for solteiro, fale para si mesmo na frente do espelho ou fale para outras pessoas. Caso quebre a jornada de 21 dias, peça perdão e recomece.

GERANDO VALOR

Quando descobrimos nossa identidade, não a negociamos com ninguém. Saber quem você é gera valor, o que é totalmente diferente de preço.

Uma pessoa que tem preço é comprada por qualquer dinheiro. Uma pessoa que não se enxerga como mercadoria tem um valor inestimável e não se vende. O valor gera atração, mas com o preço eu preciso fazer *marketing* para as pessoas comprarem. **Quem precisa pegar no pé do seu cônjuge está gerando pouco valor próprio e a dica para você virar esse jogo é se sentir amado por Deus.** Não importa se está namorando ou é casado, você precisa aprender a gerar valor para a outra pessoa e, assim, ninguém vai comprar você por preço nenhum. Quem tem um alto valor atrai pessoas com alto valor.

Nos últimos dez anos da minha vida, o tempo que tenho de casado até o momento, não levei cantada de nenhuma mulher. Isso não aconteceu, porque tenho valor em vez de preço. Em mulheres que ficam assediando, os homens chegam colocando preço. Se você não tem preço, não atrai esse tipo de pessoa. Se há alguém barato demais rondando você, significa que você não tem valor e sim preço.

Se quiser gerar valor, tenha princípios e ande por eles. E quanto mais princípios você cumpre, mais resultados alcança; e com mais resultados, mais valor se tem na Terra, e isso não tem a ver com dinheiro. Toda vez que gerar valor, mais você afastará as pessoas que querem comprá-lo, pessoas que não têm valor. Elas se sentem mercadoria e tratam os outros da mesma forma. Só gera valor quem sabe a própria identidade. Pessoas que se sentem perdidas porque perderam uma amizade é porque não tinham identidade e sugavam a identidade da outra pessoa. Quem sabe sua identidade nunca se perde, nem geograficamente. Quem tem valor próprio e identidade reconhecida não se inferioriza para quem não tem.

Você é a imagem e semelhança do Criador. Pare de colocar preço em si mesmo, afinal, você não é uma mercadoria. O seu preço é o sangue de Jesus Cristo, o Filho de Deus, e já foi pago na cruz; um sangue puro que não tem como comprar, não existe preço, é de um alto valor. O valor do Deus vivo descendo à Terra, com toda Sua glória e Se entregando em seu lugar, é incalculável. É possível achar alguém para pagar esse preço? E como não temos quem possa pagar, esse é um valor pelo qual precisamos ser gratos, por todos os dias de nossa vida.

Lembre-se de que valor gera atração e se você está lendo este livro, neste momento, é porque veio buscar valor comigo e com Carol, e estamos muito felizes em compartilhar tudo com você.

Existe uma dificuldade em transbordar. É sobre ver a crueldade das pessoas. Algumas pessoas são más, não são todas, mas existem pessoas assim, que não sabem discordar de um ponto de vista ou de uma opinião e conversar sobre isso; e hoje a internet traz essa realidade que é muito dolorida. Uma pessoa que não teria coragem de dizer algo olhando nos seus olhos, na internet ela fala, é corajosa para escrever.

Nós encontramos essa dificuldade, apesar de não termos muitos problemas com a exposição, mas cada vez que recebemos um testemunho de alguém falando que a série "A Base de Tudo", que fizemos no ano passado, transformou o relacionamento, isso nos motiva a estarmos aqui escrevendo este livro para abençoar sua família. É tudo sobre você, e o que estamos falando, você entenderá da forma como quiser. Às vezes não vai agradar, vai confrontar e você pode entender da forma como preferir. Apenas questionamos: quais frutos você tem dado? Quais são os seus resultados? Como está a sua família? Como está o seu relacionamento com seus filhos e com a sua esposa?

Se você estiver no nível de ensinar outras pessoas, fique em paz, faça da forma como achar apropriado. Se não tem humildade para aprender as coisas, nunca o transbordo será confortável. Confortável é ficar deitado lá na sua cama bem quentinha; só que existe um problema: um dia pode ser gostoso, mas no segundo já se torna algo insuportável. Assim como um relacionamento ruim pode parecer confortável e quentinho no primeiro momento, mas logo vai começar a ser desagradável.

As pessoas acham que se você não tiver sentido uma dor específica, não pode falar sobre ela, mas eu te faço uma pergunta: Para ter compaixão, você precisa sentir as mesmas dores e ter passado por todos os sofrimentos que todo mundo passou? Isso não faz sentido e hoje o nosso desejo é desafiar você, por mais que seus resultados ainda sejam pequenos, só depende de você. A restauração do seu casamento depende de você, e quando digo isso me refiro aos dois andando um ao lado do outro. Mas não adianta você falar mal do seu cônjuge se você não olhar para dentro de si mesmo.

Então, se você leu este livro até aqui, por mais que ainda não tenha dado resultado ou seus resultados tenham sido pequenos, mas se o seu coração mudou, se uma indignação foi gerada em seu coração, de não viver mais da mesma forma como vocês estavam vivendo, de realmente desfrutar do melhor desta Terra, o objetivo foi alcançado. Queremos chamar sua atenção e dizer que Deus tem um reinado para você. Deus tem um reinado para sua família e não importa o que os outros vão falar. Cada passo que você der, por menor que seja, servirá de experiência para você transformar e edificar a vida do outro.

A compaixão é uma sede de justiça sobre você olhar para a sociedade e para tudo o que tem acontecido e começar a ver frutos da sua transformação na sua casa, na sua família, vendo os laços restaurados com seus filhos e esposa. É sobre você começar a enxergar e entender o porquê de outros lares estarem destruídos, de os pais não terem um coração voltado para os filhos e nem os filhos para os pais. Quando você realmente entende isso, não aguenta ficar calado, por pior que seja, você se expõe à condenação, mas eu lhe faço uma pergunta: A quem você está disposto a agradar? Aos homens ou ao Senhor?

Exercício:

Você tem gerado valor para sua família? Dê uma nota para si mesmo de 0 a 10 e identifique como pode gerar ainda mais valor dentro da sua casa.

CAPÍTULO 2

CASAMENTO ORIGINAL

Se você quer ter acesso a outros conteúdos sobre como salvar seu casamento, criação de filhos, vencer o luto, entre outros, confira o QR CODE abaixo e acesse agora o site do programa A Base de Tudo – uma plataforma completa de conteúdos sobre família que vai transformar seu lar.

NAMORO, NOIVADO E CASAMENTO

Vamos falar sobre três fases, para entender como funciona um relacionamento. Estas fases são o namoro, o noivado e o casamento. A fase do namoro representa 5% do relacionamento, o noivado 15% e o casamento 80%. Logo, há um processo de funil e filtragem e a maioria das pessoas ignora isso. Talvez você seja casado e não teve essa compreensão, então, foque naquilo que faz sentido hoje, o seu casamento.

Namoro significa a fase do encantamento, quando você olha e quase morre quando vê a pessoa, uma fase gostosa de ser vivida, mas que não deve consumir mais do que 5% da sua energia. Caso esteja namorando, essa informação resolverá vários problemas que esteja vivendo nessa fase e acelerará o processo. A fase do noivado é a fase que exige mais energia, porque põe a pessoa à prova. E a terceira fase, o casamento, é quando você vai se deleitar e desfrutar da sua escolha, que não tem volta.

Algumas pessoas querem o melhor da vida de casado com os privilégios da vida de solteiro. Isso é uma fuga emocional, um bloqueio. A orientação do apóstolo Paulo é para que, se alguém não quiser ter

FAMÍLIA — A BASE DE TUDO

outras preocupações, que não se case; não há problemas quanto a isso, mas, se casar, não deve voltar atrás. **Seu namoro pode dar errado, seu noivado pode dar errado, mas o que não pode dar errado é o seu casamento**.

Quando você entende a energia de cada fase, nunca mais vai se desgastar com aquilo que não faz sentido.

Não se aprende isso em casa, na escola, na igreja ou qualquer outro lugar. Se você está ciente de que a fase de namoro é apenas 5% do que representa o seu relacionamento, não empreenda mais do que isso nesta fase da vida, pois não faz nenhum sentido. No namoro, você deve sempre ficar com o pé atrás, porque é uma fase em que, às vezes, se tem um certo bloqueio emocional e se a outra pessoa representar a cura daquilo na sua vida, é possível que você ache que ela é tudo e, na verdade, está arrumando um grande problema, mascarando seu bloqueio.

Melhor é o fim do relacionamento do que o começo, isso significa que a etapa que está terminando vai levar você a dois caminhos: ou à próxima fase ou ao término e – quando é ao término – o nome disso passa a ser livramento. Não deu certo e você foi livre de carregar aquela relação ruim para o resto da sua vida. A outra perspectiva é quando dá certo, rumo a uma nova fase.

O fim de um namoro pode ser um livramento ou o início de um noivado e o fim de um noivado pode ser um livramento ou um casamento. Já o fim de um casamento pode ser por morte ou pelo repúdio, pois quando acontece uma traição, segundo a Lei de Moisés, você tem o direito de pedir o divórcio e desfazer sua família. Se o seu nível de maturidade for baixo, é melhor repudiar mesmo, praticando, assim, a sua própria justiça. O outro fim para o casamento é a morte, que significa o início da vida eterna, visto que nós, cristãos, acreditamos que ela é o início de uma nova fase. E assim, continuamos afirmando, como Salomão, que "o fim é melhor do que o começo". Se você é casado, pode ser que precise tratar algumas coisas que ficaram pendentes na sua fase de namoro e noivado. Faça isso agora com o seu cônjuge.

RECRUTAMENTO E SELEÇÃO

A fase de recrutamento e seleção é aquela em que se gasta mais energia, para depois passar a vida inteira poupando-a, então é preciso ser "enjoado", não que o outro tenha que ser perfeito, mas é preciso prestar atenção em tudo e achar um perfil como você deseja. Você que quer prosperar não deve se relacionar com pessoas que estejam fora do seu perfil e propósito.

PRINCÍPIO, VALOR E PERFIL

No recrutamento, a gente analisa o perfil. A primeira coisa que você deve analisar antes do perfil são os princípios e valores. Se o perfil agradar você, mas os princípios e valores não forem equivalentes, isso vai resultar em problemas no seu casamento e na sua família. Quem sabe o verdadeiro perfil é sua alma.

Precisamos ser criteriosos, porque nos empolgamos com a aparência, nos permitimos ser levados pela carência e não observamos o todo. Isso é realmente muito sério! Não se deixe levar pelas suas emoções, pela paixão, porque ela é passageira. A paixão dura 24 meses, no máximo, 18 a 24 meses é química, por isso, você que é casado há 10 anos e não é apaixonado, o que você faz? Usa o amor, pois ele é sentimento, atitude e decisão. Vou dar um código para você: lembre-se de que "é melhor o fim do que o começo" e pegue esse código.

O seu casamento depende da forma como você olha para o seu cônjuge, depende do olhar; se o seu filho é diferente daquilo que você planejou, não troque o olhar. Sempre queremos que nossos filhos pareçam com o que desejamos, mas continue olhando para ele com o olhar que Cristo olha para você.

Eu quero desafiar você que está lendo a se proteger! Homens, sejam confiantes! Mulheres, sejam seguras no que vocês estão fazendo e juntem-se em unidade e linguagem, para que, juntando essas duas coisas, vocês ativem sua identidade e clarifiquem seus propósitos, para "tocar o terror" na Terra.

Se você errou no recrutamento, vai precisar investir o triplo de energia no treinamento. Para recrutamento e seleção, não existe pessoa perfeita. Alguns fazem listas com pré-requisitos que consideram imprescindíveis e querem que *todos* sejam preenchidos. Isso não existe! Você deve analisar o que é importante e primordial, como os princípios e valores, para ver se estão dentro do que espera. Não se apegue a uma lista! Se a pessoa tiver um coração ensinável já é muito.

Normalmente queremos tratar a pessoa depois que já recrutamos, porém o momento correto é no recrutamento e seleção, quando temos a oportunidade de analisar a pessoa e recrutá-la ou não. Pessoas querem fugir de casa e quando casam entram em outra prisão, depois querem fugir do casamento.

Por que uma pessoa tem vontade de se separar? Porque viu que errou no recrutamento e percebeu que não tem a capacidade de investir em treinamento. São pessoas que sempre estão fugindo de si mesmas. Resolva primeiro o problema que está em você. Precisa ser resolvido em *"Lech Lecha"*, passagem em que Abraão recebe a palavra de sair da sua terra natal (ou seja, saia para dentro de si mesmo).

Para todas as decisões que nós tomarmos em nossa vida, por mais que sejam experiências que nunca tenhamos vivido, é importante que corramos atrás do máximo de conhecimento que pudermos. Isso é muito interessante, pois, para nos tornarmos profissionais, estudamos por anos, vamos para a faculdade e praticamente não paramos de estudar. Já para a função mais importante da nossa vida, que é ser marido/esposa e pai/mãe, deixamos acontecer naturalmente, assim fica tudo mais difícil, principalmente se deixarmos para aprender ao longo dos dias.

Exercício:

Avalie se essas fases foram bem resolvidas em sua vida. Transborde esse conhecimento na vida de 3 pessoas solteiras.

DEIXARÁ SEU PAI E SUA MÃE

Seu casamento não funcionará se levar seus pais para dentro dele. Quando eu e Carol nos casamos, fizemos um pacto de que não levaríamos problemas para os nossos pais. Cumprimos esse pacto com tanta seriedade que nossas mães chegaram a comentar: *"Carol deve achar que Pablo é perfeito!"* Carol nunca se queixava de nada, mesmo no início do casamento, que foi o período mais difícil para os ajustes. Tínhamos a percepção de que todas as vezes que se leva problema conjugal para os pais, para sua família de origem, é gerado um sentimento de raiva pelo genro ou pela nora. E quando alguém leva seus problemas para os pais resolverem significa que ainda é um menino imaturo e que precisa de alguém para resolvê-los. A verdade é que eles não vão conseguir resolver seus problemas e provavelmente vão criar outros.

Somos muito ligados à família da Carol, e em certa ocasião, bati o carro e pedi para ela não contar a eles o que havia acontecido. Ela me perguntou o porquê e esclareci que eles não iriam pagar o conserto, mas iriam criticar, e não devemos dar relevância a esse tipo de acontecimento. Sempre entreguem algo bom e não problemas, porque vão gerar polêmica, contenda e intriga familiar. Há dois anos, estávamos em uma churrascaria comemorando meu aniversário e a mãe da Carol me disse: *"Pablo, nós nunca brigamos!"* É verdade! Tivemos algumas divergências profissionais, mas nada pessoal. Ela concluiu dizendo que esse fato aconteceu porque eu não aceitava que a Carol falasse de mim para a mãe dela nem da mãe dela para mim. Vemos que é um bom caminho a ser seguido.

Não envolver os pais no relacionamento não significa limitar a convivência com a família, apenas estar cientes de que as pessoas entendem as coisas como elas querem e isso acaba gerando uma inimizade. **Seus pais, sua família, devem fazer parte dos momentos bons do seu casamento, e não receber os problemas, porque eles não são seus solucionadores.** Vocês já cresceram, são adultos e não há por que levar problemas para que eles resolvam, afinal, quando compartilha e conta tudo que está acontecendo, você mostra que não está conseguindo resolver.

Honre seus pais até o fim. Eles são bênção, mas a maneira mais poderosa de honrá-los é não levar para eles problemas que não sejam deles. Eu conheço pais que sofrem muito, até na velhice, por verem que seus filhos não conseguem resolver os próprios problemas, e também conheço pais que não respeitam e não sabem o limite da relação com seus filhos.

Quando construímos uma nova história, uma nova família, precisamos nos desconectar, de certa forma, de nossa família de origem, pois uma nova aliança está sendo formada. Talvez eles não entendam, principalmente quando os netos chegarem e haverá a necessidade de colocar limites, com muita sabedoria. O princípio bíblico do que estamos lhe contando é Gênesis 2.24, que diz:

Deixará o homem o seu pai e a sua mãe e se unirá à sua mulher.

Assuma a sua vida! Se seus pais interferem no seu casamento, você está deixando de cumprir um princípio bíblico, portanto, se isso acontece no seu relacionamento, tome uma providência rápida.

Exercício:
Descubra 2 novas formas de honrar seus pais e seu cônjuge.

A ALIANÇA

Casamento é uma aliança entre três pessoas. Você, seu cônjuge e Deus, e essa é uma aliança de cumplicidade, fidelidade e união. É o princípio básico de qualquer casamento. A aliança que está no seu dedo não é uma aliança, é simplesmente um anel, um símbolo. A mesma coisa acontece quando chamamos um prédio de igreja, quando, na verdade, nós somos a igreja de Cristo, afinal, a igreja tem duas pernas e não quatro paredes. A verdadeira aliança consiste em fidelidade, em guardar seus pensamentos, seu corpo e os seus melhores dias para o seu cônjuge.

Dentro de um casamento não devemos deixar ninguém entrar nem sair, mesmo que seja sua família ou seus amigos. Ao desenharmos um triângulo, imagine que na ponta mais alta esteja a figura de Deus e nas duas bases estejam a esposa e o marido, um em cada ponta. Crie em sua mente a imagem de um triângulo se movimentando e diminuindo de tamanho.

Se uma das bases vive distante de Deus, basta a outra ponta se aproximar de Deus, para que o outro lado também se aproxime. Então, se você está em um casamento em que seu cônjuge está longe do Criador, a forma de aproximá-lo de Deus é você mesmo se aproximando.

Eu e Carol sofremos muito em nosso casamento por andarmos muito agitados e querermos acelerar o tempo. Mas o tempo também é um sinal da aliança e quebramos isso muitas vezes, investindo-o em coisas que não tinham nada a ver e só depois percebíamos que uma tolice tinha sido feita.

O tempo com a sua família não é algo que possa ser negociado e você deve fazer de tudo que estiver ao seu alcance para que essa aliança permaneça confiável. Nós temos plena confiança de que um não fala mal do outro, em nenhuma circunstância. Pablo, na verdade, não fala nem bem, nem mal; pois, se fala bem está vendendo o produto e se fala mal está desvalorizando. O cônjuge deve ser seu porto seguro, aquela pessoa em quem você sabe que pode confiar.

Não deixe ninguém sair do seu casamento, nem o cônjuge, nem Deus, e também não deixe ninguém entrar, por melhor que essa pessoa seja. E por último, nunca fique nu diante dos seus filhos. A nudez de vocês é algo que pertence ao casal, e isso faz parte da aliança que há entre os dois no pacto chamado casamento.

Exercício:

O que é casamento?

_____

_____

_____

_____

ALVOS NO CASAMENTO

Muitas pessoas começaram o casamento com o pensamento equivocado porque aprenderam errado. Quando se casa para ser feliz, em algum momento haverá uma ruptura. Você se casa para fazer o outro feliz, e não para ser feliz.

O primeiro alvo de um casamento é fazer o outro feliz e o segundo alvo é terminar a vida juntos. Isso significa que não nos casamos para nos separarmos, mas para ficarmos juntos até o fim. Quando se estabelece isso, de forma inegociável, não há nada que possa acontecer que tire você desse foco, do objetivo de terminar essa caminhada junto com seu cônjuge.

As Cinco Linguagens do Amor, do autor Gary Chapman, é um livro que aborda uma maneira inteligente de se relacionar e amplia nossa percepção em relação ao nosso cônjuge, pois, muitas vezes, temos a nossa linguagem de amor e queremos investir na vida do outro da mesma forma que faz sentido para nós. Digamos que sua linguagem de amor seja Tempo de Qualidade. Normalmente, você tende a achar que a do seu cônjuge é igual a sua, e talvez não seja; pode ser que a dele sejam Palavras de Afirmação, e quando isso não está alinhado surgem problemas. Ter clareza de qual a linguagem de amor do seu cônjuge é uma arma poderosa dentro do seu casamento. Invista nessa leitura.

Olhe para seu relacionamento e pense em quais investimentos pode fazer para melhorar seu casamento. Talvez perceba que precise investir tempo em amizades que influenciem de forma positiva o seu cônjuge; ou talvez não esteja com vontade de se relacionar com pessoas, mas, por entender que ele precisa se relacionar, investe tempo em novas conexões, abrindo mão da sua vontade, do seu cansaço, para fazer esse investimento na vida dele. Invista em cursos ou livros, como está fazendo agora.

A oração e a intercessão também são investimentos poderosos, junto com a comunicação. Precisamos aprimorar a comunhão através do diálogo, pois nos envolvemos em tantas atividades em nosso dia a dia que esquecemos de dialogar, de sermos assertivos em nossa comunicação.

Existem três comportamentos prejudiciais que nos impedem de alcançar o alvo no casamento. O primeiro deles é o egoísmo, pois quando casamos buscando os nossos próprios interesses, não tem como dar certo. Em segundo lugar, a indiferença, quando estamos envolvidos no nosso ativismo, no nosso trabalho e nem percebemos o quão indiferente estamos em relação às necessidades do outro. O último comportamento prejudicial, para que se perca o alvo de vista, é a desculpa de não ter tempo para o relacionamento, quando na verdade o problema é que você não o coloca como prioridade.

A maior dificuldade do casamento contemporâneo é você se conhecer. As pessoas entram em um relacionamento ou casamento querendo ser felizes, em busca de algo e normalmente colocando todas as suas expectativas no outro. Você não olha para si mesmo, para entender quem é. Eu sei que o casamento é maravilhoso, a unidade, o casal se tornando um, mas se você não estiver bem consigo mesmo, não vai fazer bem para a relação.

FAMÍLIA — A BASE DE TUDO

Exercício:
Enquanto casal, como vocês gostariam de ser lembrados pelos filhos e netos?

_____

_____

_____

_____

AUTORIDADE E SUBMISSÃO

A primeira coisa que você precisa saber dentro do casamento, no assunto de autoridade e submissão, é que o marido não é funcionário da esposa nem a esposa é funcionária do marido. No livro *O Manifesto Comunista*, de Karl Marx e Engels, você aprenderá uma coisa interessante: que o casamento é a primeira relação do proletariado. Eles são mentirosos e estão errados. Esse é o casamento que você aprendeu com seu pai, ou com um marxista que não sabe nada sobre casamento à moda antiga e que não entende nada sobre o ministério e a instituição mais poderosa que existe, que é a família.

Dentro de um ambiente corporativo, a hierarquia é vertical. No casamento, a hierarquia e a autoridade têm um sentido espiritual, por isso são horizontais. A submissão significa que a mulher vai atrás do marido. **Nessa relação conjugal, existe o marido, que é o cabeça, e a esposa, que é protegida por ele.** É preciso entender essa relação de forma horizontal: **o marido não é aquele que manda, e sim o que está indo à frente**.

O fato de o homem ir à frente significa que ele vai morrer primeiro, que foi o que Jesus fez, dando Sua própria vida por nós. A mulher precisa entender que esse é o papel do homem e isso ocorre porque ele é o mais forte. Na voz de um homem e de uma mulher, percebemos a diferença. A voz da mulher tem uma doçura natural e a do homem não.

"Pablo, meu marido tem autoridade sobre mim?" Sim, a autoridade de um general, de um capitão de guerra ou do comandante de um navio, o que significa que ele fará de tudo, inclusive dar a sua própria vida pelas pessoas que estão atrás dele, ou seja, sua esposa e seus filhos.

Autoridade é algo que veio do céu e poder é algo que está na Terra. Você pode ser uma pessoa cheia do Espírito Santo de Deus, porém, dentro da sua casa, não exerce poder porque ele não é conquistado, mas construído. O ponto de ligação acontece quando autoridade e poder se encontram. E para compreender o ponto de fusão entre eles dentro do seu casamento, é preciso entender que seu cônjuge não é seu funcionário e você não é patrão de ninguém. O homem é apenas aquela figura que morre primeiro para salvar os outros. Para que não haja dúvidas sobre o que estou falando, vou dar mais um exemplo: é como se, ao descer uma escada rolante, o homem fosse na frente para segurar as pessoas que vêm depois, caso alguém caia; e, ao subir essa mesma escada, ele fosse por último, pois se alguém cair, ele também estará lá para segurar.

Para muitas mulheres, isso é bem complicado porque aprenderam de uma forma errada. Elas não suportam a ideia de que o homem seja autoridade e querem andar ao lado dele ou até mesmo na frente e gastam muita energia nisso. A mulher é livre para fazer o que quiser, mas se quiser ter uma vida leve, menos cansativa, como Deus programou para ela, vai precisar aceitar que o marido vá na frente, pagando o preço para que ela venha atrás, desfrutando e sendo protegida.

A nossa geração demonstra muito que a mulher precisa crescer, trabalhar, lutar pelos seus direitos, e isso não está errado, deve mesmo. Porém essa mulher deve saber voltar para casa e assumir o papel de ser mulher, se colocar no lugar de vulnerabilidade e se deixar ser cuidada pelo seu marido, cuidar da sua casa e dos seus filhos com zelo e doçura.

Ao lerem esse conteúdo, algumas mulheres podem se questionar, já que alguns maridos não se comportam como deveriam. Mulher, assuma seu papel, e seu marido vai assumir o dele com o tempo. Se passarem a conviver com pessoas que têm seus papéis bem definidos, ele vai aprender mais rapidamente. Se você é um homem ou uma mulher de oração, não tenha dúvidas de que essa mudança vai acontecer em algum momento.

A submissão que Deus designou a Eva foi sobre o desejo dela, para determinar que o homem iria na frente. Mulheres, não queiram assumir a responsabilidade de ir na frente, sejam modernas, porém à moda antiga. Olhando para nós, talvez vocês não digam, mas somos extremamente conservadores, pautamos nosso casamento em princípios, não em regras de uma sociedade.

Existem dois tipos de autoridade: a absoluta e a relativa. Quando se é uma criança, seu pai tem autoridade absoluta sobre você, essa autoridade vai mudando até você sair de casa e construir sua família. A partir daí, a autoridade deles passa a ser relativa, ou seja, nem tudo o que seus pais falarem você precisará acatar. Quando seu pastor falar qualquer coisa, você não tem obrigação de sujeitar-se, pois a autoridade dele é relativa; ele não tem autoridade absoluta sobre a sua vida. Apenas Deus exerce a autoridade absoluta sobre sua vida, e seus pais, por um determinado período. Se o seu chefe colocar "pressão na sua cabeça", saiba que a autoridade dele é relativa e você pode se livrar disso a hora que quiser. Não confunda as duas autoridades, pois o marido não tem autoridade absoluta sobre a mulher, mas sim autoridade relativa e, se ele lhe propuser algo louco para fazer, você não tem a obrigação de aceitar, principalmente se a proposta exigir a quebra de princípios.

Exercício:
Escreva a diferença entre autoridade absoluta e relativa.

_____

_____

_____

_____

ATRIBUIÇÕES

Quando começamos nosso casamento, nós ganhávamos o mesmo salário e ambos tínhamos a mesma atribuição, que era trazer recursos para o casamento. Se a mulher for feminista, ela desviará seus recursos para outros fins, e se o homem for machista, soltará dinheiro como um conta-gotas para a esposa, tornando-se um idiota. Portanto, não sejam nem machistas nem feministas dentro do casamento. Se ambos estão com a tarefa de trazer recursos para casa, sugiro que observem quem gera os recursos com mais facilidade do que o outro, e quem gerar menos patrocine e apoie o outro. Carol é contadora por formação e eu sou jurista de Direito. Nenhuma das duas profissões entendem tanto de dinheiro, porém, a Carol entendia um pouco mais do que eu, pois trabalhou por anos lidando com o dinheiro da família dela.

Normalmente, quando os dois estão na rua, competindo para trazer mais dinheiro para dentro de casa, acabam se distanciando um do outro e a família fica sem estrutura.

Caro leitor(a), caso esteja querendo desistir de continuar a leitura, depois de ler a frase acima, se tranquilize! A dica é: descubra quem é o melhor em administrar os recursos e, quando descobrirem, trabalhem juntos para patrocinar isso. Por muitos anos, Carol cuidou das finanças da família. Eu gerava os recursos e ela administrava porque tinha mais facilidade com os números. Agora colocamos uma pessoa para cuidar devido às atribuições dela com o nosso filho pequeno, mas por muito tempo eu gerava os recursos e a atribuição dela era gerenciar as finanças.

Em nossa família, a atribuição de levar os filhos para a escola é do pai, ou seja, minha. Eu os acordo, arrumo e levo para a escola. É preciso haver uma conversa entre o casal para fazer a distribuição das atribuições, decidindo o que fica mais fácil para cada um fazer, qual aptidão ou tempo que possuem para realizar determinadas tarefas.

Nós temos um casal em nossa família em que a esposa é muito boa com controle financeiro e o marido é completamente perdido nessa área, então eles combinaram que ela cuidaria das finanças da família. Eles trabalham juntos e, toda vez que ele precisa de algum dinheiro, pede a ela, e isso não é desonroso, porque foi a forma que eles encontraram para gerir os recursos da família. Foi algo conversado e definido, pois estar sob a gerência dele era um grande risco para a família.

Quando nos casamos, tivemos alguns conflitos pela falta de acordo sobre as atribuições da casa. Culturalmente, as mulheres carregam algumas atribuições como, por exemplo, cuidar da casa e Pablo queria dar opinião em tudo: até escolher as almofadas da sala, o que acarretava muitas brigas entre nós. Não é que ele não pudesse dar opinião, mas a decisão final seria minha e ele não entendia. Hoje em dia, até ouvimos um ao outro, mas não nos envolvemos, não tomamos mais a frente daquilo que não é nossa atribuição.

Assim como uma criança, o seu casamento vai precisar de uma rotina, à medida que o tempo for passando e ele for amadurecendo. É preciso que cada um faça o seu papel e tenha suas funções. Reconheçam qual é a aptidão ou as aptidões de cada um e dividam as atribuições.

Exercício:

Homem — Escreva 7 atribuições que sejam exclusivas do marido.

Mulher — Escreva 7 atribuições que sejam exclusivas da esposa.

CAPÍTULO 3

RELACIONAMENTO INABALÁVEL

CIÚMES

Vamos fazer uma distinção entre ciúme e zelo. O ciúme é fruto da insegurança pessoal de cada um. Na época do namoro, eu sentia muito ciúme da Carol e cheguei ao ponto de pedir para um rapaz, que eu julgava ser um pouco melhor do que eu, ficar longe dela. A falta de confiança em você mesmo o leva a não confiar no outro também.

Depois que nos casamos, o ciúme passou completamente, a ponto de Carol achar que eu não a amava mais. Só que não era isso, o fato era que quanto mais seguro de mim mesmo eu me tornava, mais seguro da nossa relação e do amor dela eu também ficava e, então, não cabiam mais ciúmes.

Aprenda que as pessoas que são ciumentas demais não confiam em si próprias. Se você acha que o cônjuge é capaz de traí-lo, é porque você tem essa capacidade dentro de si e fica colocando a culpa no outro, dizendo que ele não passa segurança, estabilidade ou confiança a você. A única forma de romper com esse ciúme louco é se preocupar consigo mesmo, saber que tem que investir e pensar em você e não no outro.

Existe uma diferença enorme entre ser ciumento e ser uma pessoa zelosa. O zelo te faz ficar atento aos relacionamentos, aos comportamentos do outro, porque senão vira indiferença. Olhar para uma pessoa, para uma amizade e perceber que aquilo não faz bem para seu cônjuge é ter zelo, e não "grilos" na cabeça.

Depois que nos casamos, mantive amizade com um amigo de infância e o que ele mais gostava era de viajar pelo mundo, andar com muitas mulheres ao mesmo tempo e gastar todo seu dinheiro. Até que Carol me chamou e perguntou se aquilo era algo positivo para minha vida depois que nos casamos. Não posso esconder que eu ia à casa dele e ficava encantado com a vida que ele levava, com muitas mulheres e uns três passaportes, com vários carimbos de países que ele havia visitado, enquanto minha realidade era filho pequeno em casa, apenas uma mulher, viajando para lugar nenhum, apenas ralando como um burro de carga. No fim da história, atualmente, depois de ter feito tudo que dava prazer a um rapaz solteiro, esse meu amigo não tem mais patrimônio, nem uma esposa ao lado dele e se tornou um homem cheio de traumas e bloqueios, que feriu muita gente e a ele mesmo.

Quando Carol me disse que aquela amizade não me fazia bem, ela estava coberta de razão, porém eu a achava chata. Hoje em dia, olhamos para essa história e vemos quem ganhou mais. Precisamos ter cuidado e zelo com o outro, mesmo que ele ache chato, porque o zelo e o cuidado que tem a ver com o outro são diferentes do ciúme, que é um sentimento egoísta. Se você está sofrendo com ciúmes, olhe para dentro de si e resolva isso agora.

Exercício:

Qual a diferença entre ciúmes e zelo?

CONFLITOS NO CASAMENTO

Qual é a chave da família? É ter paciência, pois a sua família não vai ser perfeita. A nossa também não é, temos os nossos problemas sérios e o nosso atual é que não queremos ficar nos mesmos problemas todos os dias.

Onde há paz, não existe conflito. Isso acontece quando dois cérebros estão na mesma frequência e você sabe o que irrita e tira a paz do outro. Houve um tempo em que achávamos que o casamento havia sido criado para brigas, pois brigávamos muito. Algumas vezes, paramos a discussão para descobrir qual era o motivo pelo qual estávamos discutindo e víamos que eram coisas que não faziam o menor sentido. Descobrimos que toda briga de hoje é referente a coisas de ontem que não foram resolvidas. Não aguentávamos mais brigar por coisas idiotas.

Eu sou um cara analítico, gosto de dados, gosto de identificar comportamentos e colocá-los no papel, para avaliar. Então, fizemos o seguinte: anotamos as brigas que tivemos e apareceram os problemas. É a identificação desses problemas que salvará seu casamento. Você só briga por coisas que não conseguiu resolver anteriormente.

Desde então, passamos a resolver tudo na hora e continuamos brigando mesmo assim. O bom era que já não havia coisas acumuladas, mas ainda não estávamos vivendo um relacionamento satisfatório. Foi quando percebemos que havia um ego dentro da Carol e outro ego dentro do Pablo que nos impediam de confiar um no outro. Cada um precisava usurpar o poder de decisão do outro, o papel do outro, a identidade do outro e suas atribuições, para satisfazer e acalmar o próprio ego.

As maiores brigas começaram a sair no relatório, mas, para resolver os problemas, sentamos juntos e falamos que não íamos deixar nada passar para o outro dia, e sim resolveríamos na hora.

E sabe o que aconteceu? O número de brigas caiu pela metade. Isso é desejar resolver rápido o conflito. Já ouvimos pessoas dizerem:

"Nossa, mas que coisa mais retrô, mais piegas, falar que não pode dormir brigado!". A questão não é sobre dormir brigado, mas sobre saber resolver na hora.

VOCÊ PREFERE TER PAZ OU RAZÃO? SER FELIZ OU ESTAR CERTO?

Aprendemos que, nas coisas que fazem muito sentido para a Carol, ela vai à frente e eu fico atrás, como um menino bem-comportado. Abro mão de toda minha inteligência e razão, retiro meu batalhão de cena e vou atrás dela e pergunto se aquela guerra faz sentido para ela. Se a Carol disser que sim, sigo-a com o maior prazer. Não deixo de ser homem nem perco minha autoridade quando faço isso, apenas opto por viver o agora, deixando a razão de lado, e passo o comando para ela.

Quando o casal cresce em maturidade, eles não têm problemas em deixar o outro ir à frente. O casamento tem apenas um reino e não é possível dividir o exército desse reino ao meio, pois os exércitos brigarão entre si e os dois cairão. Nossos conflitos atualmente são por coisas tão pequenas que nem mesmo consigo me lembrar de algum agora, para compartilhar com vocês. Então ainda existem brigas entre nós? Sim, mas são cem vezes menores. Por que as brigas são necessárias? Porque precisamos ajustar nosso batalhão.

Existem algumas coisas que uma mulher pode fazer para começar a destruir o reino, e são vários comportamentos porque um comportamento ruim vai puxando outro, como murmuração e reclamação, quando para ela nada está bom. Por exemplo: ela tem filhos e, se o marido não ajudar a cuidar deles, ela reclama; mas se o marido ajuda a cuidar das crianças, também reclama porque ele não faz do jeitinho que ela faz. A murmuração é um dos primeiros problemas.

Já quanto ao homem, o problema começa quando ele não quer proteger a família e começa a pensar só nele e nas coisas fora de casa. Lembre-se de que a prioridade é sua casa e você que é homem deve falar assim: *"Primeiro é a minha família e não tem conversa"*.

A primeira coisa que o homem pode fazer para derrubar um reinado é simples: basta pensar em qualquer coisa que não faz parte da família. A segunda coisa é quando o homem está magoado ou chateado e tem uma tendência de "dar um gelo" na mulher, de ficar calado, indiferente, e esse é um padrão muito comum entre os homens, porque aprenderam com os pais. Ele via o pai fazendo com a mãe e assim repete o comportamento com a esposa. Isso só vai acumulando débitos emocionais e gera o efeito contrário do que a pessoa pensa, pois gera frustração e raiva.

QUAL É O PROBLEMA QUE VOCÊ VAI LARGAR HOJE?

Quando o homem não tem capacidade de argumento ou de fazer perguntas, quando ele é inseguro na sua identidade, na sua autoimagem, ele vai ficar indiferente porque não é homem para fazer perguntas. Algumas vezes, se tiver uma esposa brava, tem que perguntar mesmo assim. É só perguntar e sair correndo, mas vai funcionar, mesmo que sejam perguntas feitas por WhatsApp, a distância.

O REMÉDIO PARA CURAR AS FAMÍLIAS

O remédio é fazer seu parceiro(a) se sentir amado(a). E quem é que traz o amor para a família? O pai e a mãe. Só que, se você não consegue entender o quanto é amado por Deus, não consegue amar a pessoa e também não aceita o amor do seu cônjuge. E esse é um problema sério, porque pessoas assim também não gostam de escutar ninguém nem de aprender com ninguém. Como é agradável ter essa simplicidade para ouvir o que as pessoas falam!

VERDADE COM AÇÚCAR

No casamento, muitas vezes, não podemos falar a verdade sem açúcar. O seu casamento vai decolar se você souber disso. A verdade precisa ser dita com açúcar. A única pessoa que tem o poder de nos ofender e ficarmos calados é nosso cônjuge. Não devemos reagir com a força que temos porque o cônjuge é a única pessoa que nos conhece pelados, que sabe das nossas vulnerabilidades, que nos conhece por completo. É a única pessoa com quem você tem que usar açúcar, ou seja, ser mais ameno na fala. É como um café que é bom demais, mas se você coloca um pouquinho de açúcar fica ainda melhor. Por mais que você esteja certo e ela errada, adoce só um pouquinho, para a pessoa não "tomar um tranco".

No casamento, temos a tendência de irritarmos a pessoa que mais amamos e o mais interessante é que nós somos elegantes com as pessoas que acabamos de conhecer, mas dentro de casa não.

Exercício:
Liste os conflitos que você tem com seu cônjuge. Sentem-se para achar uma solução nesta semana.

_____

_____

_____

_____

DEPENDÊNCIA EMOCIONAL

Acredito que na maioria dos casamentos há algum tipo de dependência emocional. Isso pode ocorrer de ambas as partes, mas creio que seja mais comum por parte das esposas em relação aos maridos. Por muito tempo, no casamento, fui dependente emocionalmente do Pablo. Na verdade, isso já existia na minha infância, pois tenho lembranças de sentir medo até para comprar bala na padaria. Eu transferia ao Pablo uma necessidade excessiva de proteção. Queria que ele estivesse sempre por perto, a meu serviço e dispor o tempo todo. Precisava estar sempre junto dele e isso gerava um vazio muito grande em mim.

Você precisa ter amor-próprio, conhecer-se e estar bem consigo mesma. Nos seus momentos de conflitos internos ou quando as dificuldades surgirem, conte em primeiro lugar com o Espírito Santo de Deus e não recorra sempre ao seu cônjuge. Talvez um dia acordemos e nosso cônjuge não esteja mais ao nosso lado. Pablo me falava que eu precisava aprender a ser plena e a não depender da energia dele para me sentir bem.

Quando você é uma pessoa plena e casa com outra pessoa plena, são dois inteiros e o resultado desta conta é: $1 \times 1 = 1$; quando você é inteiro e pleno e casa com alguém que é "mais ou menos", tem como resultado: $1 \times 0,5 = 0,5$; se é "mais ou menos" pleno e casa com outra pessoa "mais ou menos", o resultado é: $0,5 \times 0,5 = 0,25$; o pior resultado que um casal pode ter.

Quando o casal se torna um, ou seja, há unidade no casamento, é maravilhoso. É a multiplicação 1×1, mas se você não estiver bem, afetará a relação. Se você não for plena, minará a energia da outra pessoa. É igual a multiplicar 1 por 0,5. O relacionamento deve ser feito pelos dois e ter um mesmo propósito para resultar em uma unidade plena.

Não dependa de ninguém, seja uma fonte de emoções positivas, de autogoverno, para transbordar alegria e vida em seu cônjuge.

Quando se entra em um casamento, deve-se investir nele, desfrutando-se um do outro. Caso contrário, se alguém quiser apenas receber ou sugar, faz com que a relação seja subtraída. Não adianta querer obter lucro se não faz investimentos. Imagine uma empresa que não tem dinheiro e começa a vender seus carros, sua mobília e a achar que isso é lucro! Este é um dos segredos do casamento: é preciso investir em cuidado, atenção, tempo e dinheiro. Invista tudo o que puder.

Assim como Jesus investiu Sua própria vida sem esperar nada em troca, devemos investir a nossa também. A plenitude do seu investimento vai gerar o transbordo, mas se estiver fragilizado e carente, dependendo da aprovação da outra pessoa, o transbordo não vai acontecer.

É aquela conta do $1 \times 0,5$. Você pode se casar com uma pessoa que é plena e está na sua plenitude, mas se casando com alguém que é 0,5, você mina a energia de outra pessoa, porque o relacionamento não é feito por um, mas por ambos, então os dois têm que estar no mesmo propósito.

Se você for uma pessoa plena e se conectar com outra pessoa plena, a multiplicação naturalmente será plena, mas se você não for pleno, o que vai acontecer? Ao se conectar com alguém que é pleno, você vai abaixar a plenitude da pessoa.

Por exemplo:

Se você for uma pessoa 0,5 e se casa com alguém que parece com você (0,5), será: $0,5 \times 0,5 = 0,25$. Se você multiplicar duas metades, o resultado será pior do que o individual dos dois. Será menor do que antes de multiplicar.

Só que se você é 0,5 e se casa com alguém pleno (1,0), terá outro resultado: $0,5 \times 1 = 0,5$. Quando eu multiplico meio com um inteiro, vai resultar em meio. O que é pleno tem que ficar dividindo a energia.

Se você é alguém pleno e casa com alguém pleno (1,0), é um inteiro, é unidade: $1 \times 1 = 1$. Quando sou pleno e me conecto com alguém que também é, o resultado é 1. Isso está na Bíblia. Quando você deixa o seu pai e a sua mãe, você se torna um com o seu cônjuge, ou seja, você é **pleno**. Essa é a forma com que a matemática influencia os relacionamentos.

O nosso problema é que queremos resolver os problemas do mundo. Nós não casamos para resolver um bloqueio ou um buraco emocional nosso. Por acaso alguém casa com um feio para dar uma higienizada nas ruas? A pessoa diz: *"Vou pegar um feio para ajudar o planeta!"*. Não, não foi por isso que você casou. Você não se casou para ajudar o planeta.

FAMÍLIAS FORTES FAZEM NAÇÕES FORTES

Os Estados Unidos começaram com 55 homens, com o *mastermind*. Eles colocaram na fundação: *"Vamos construir a maior nação do mundo"*. Telavive, uma das cidades mais poderosas do mundo, localizada em Israel, teve início com 62 famílias falando a mesma coisa. Cuidado com as famílias, principalmente quando elas se juntam. O que faz um país pobre? Famílias destruídas. Famílias fortes são a chave para uma sociedade próspera.

Exercício:
Você ou seu cônjuge possuem dependência emocional?

_____

_____

_____

_____

A MESA

Certo dia, olhando na minha garagem, observei os carros caros que tenho estacionados e pensei no quanto nós gostamos de gastar dinheiro com conforto quando, na verdade, o que queremos mesmo é aparecer para os outros. O colchão que nós dormimos custa em torno de dois mil reais e se eu for somar o valor de todos os carros que tenho na minha garagem chega a quase 1 milhão de reais. Nesse dia, olhei para a mesa onde fazíamos as refeições e lembrei que ela havia custado novecentos reais e nós não nos importávamos com isso. Lendo o livro A *Experiência da Mesa*, da Devi Titus, tivemos um grande *insight* e nos inspiramos a transformar nossa sala de jantar no santuário de nossa família. A primeira providência foi investir em uma mesa digna de um santuário. Queremos indicar a leitura desse livro, pois lhe trará uma revelação muito grande do poder de sentar-se à mesa em família.

Tivemos a informação de que, entre 2000 presos de uma penitenciária, cerca de 1900 recebem visita de suas mães no dia das mães, enquanto no dia dos pais, apenas 150 recebem visita dos seus pais. Isso acontece porque a maioria deles foi criada sem os pais, sem uma estrutura familiar.

Fomos despertados para aprimorar o que já fazíamos com nossos filhos, enfatizando a importância da comunhão em família. Quando observamos referências bíblicas acerca da mesa, percebemos sempre uma relação com comunhão, um lugar onde se senta para ouvir sobre como foi o dia do outro, compartilhar. Nós não abrimos mão do momento à mesa e mesmo quando tenho um almoço de negócios, não abro mão de almoçar em família e depois cumpro com meu compromisso.

Cada um tem o seu lugar à mesa. Como patriarca, sempre me sento na ponta e cada um tem o seu lugar específico, mas é interessante perceber a vontade que os meus filhos têm de se sentarem no meu lugar, por isso sempre precisamos ensiná-los sobre os papéis de cada um na mesa. Queremos incentivar você a levar essa cultura de se sentar à mesa, em família, para sua casa. Estabeleça ao menos uma refeição ao dia quando todos possam se sentar à mesa e fazer desse lugar um santuário da família, com um tempo de qualidade, sem pressa e desespero, onde possam olhar um nos olhos do outro e se conectarem para conversar. Existem famílias nas quais essa cultura nunca foi e talvez nunca seja estabelecida, e certamente seus amigos, ou os colegas dos seus filhos, vão desejar estar com vocês para participar desse momento único em família; dessa forma vocês poderão transbordar na vida de outras pessoas.

Exercício:
Escolha um dia da semana para fazer um jantar ou uma mesa especial para seu cônjuge.

UNIÃO X UNIDADE

Em um relacionamento, especialmente no casamento, não deve haver disputa. Enquanto vocês tentarem competir não sairão do lugar. Casamento não é sobre um ser maior do que o outro, mas é sobre andarem em unidade de propósito e de linguagem.

Existe o poder da união e o da unidade. A união é quando eu tenho vários corpos juntos e eles podem estar amarrados uns aos outros, mas, diante de qualquer adversidade, esses corpos se espalham. A física explica isso, por exemplo, quando rasgamos um saco de laranjas e cada uma vai para um lado. As laranjas estavam unidas, mas não tinham um propósito. Quando pegarmos as laranjas, lavá-las, cortá-las, espremê-las e transformá-las em um suco, então podemos dizer que aquelas laranjas estavam em unidade, pois elas tinham um propósito em comum, que era se tornarem um suco de laranja.

Na união sempre vai acontecer a separação, mas **a unidade é algo indissolúvel, com poder ilimitado**. Quando as pessoas estão unidas, elas vão se separar, se dispersar diante das adversidades; por exemplo, se faltar dinheiro no casamento, pensam em separação; se faltar sexo no casamento, pensam em divórcio. Quando falta algo no casamento, há uma dispersão e cada um vai para um lado. Na unidade, pode acontecer o que for, eles permanecerão juntos porque existe um propósito maior do que o problema e, independentemente do que aconteça, continuam firmes.

Na unidade há um poder ilimitado, pois a Bíblia diz que onde estiverem dois ou mais reunidos, Deus também estará. Há uma passagem no livro de Gênesis 11.6 que fala sobre a unidade de Deus com Seu povo:

Então declarou o SENHOR: "Eis que a humanidade se constitui em um só povo e falam todos a mesma língua, e essa construção é apenas o início de suas iniciativas! Em breve nada poderá impedi-los de realizar o que quiserem!"

Até mesmo em uma relação de sociedade, se houver unidade, você chega longe, pois a unidade gera a mesma linguagem. **Dentro do seu casamento, se não tiver unidade com sua família, qualquer coisa que aconteça pode quebrar esse vínculo**. Filhos quebram vínculo com seus pais porque havia apenas união entre eles e não unidade, e isso é algo muito sério, pois quando o filho cria unidade com amigos ruins, vai se dispersar da família porque com a família ele tinha união e com os amigos agora ele tem unidade.

Havendo unidade, os filhos podem sair de casa e se relacionar com outras pessoas, mas sempre retornam para casa, lugar onde fica o seu reinado, seu porto seguro. Depois que espremer uma laranja e colocar em uma jarra de suco, não tem mais como resgatar a laranja. Se no seu casamento, na sua relação conjugal houver unidade, pode ficar tranquilo pois seus filhos vão repetir esse mesmo comportamento; se não houver unidade, os filhos se sentem soltos, dispersos e o fato de morarem na mesma casa pode significar apenas que vocês são várias laranjas dentro de um mesmo saco e, quando o primeiro problema acontecer, cada um vai para um lado. Mas, se sua família e você tiverem um relacionamento com o Deus vivo, nada nem ninguém poderá destruí-los, porque a família é a maior instituição do universo, é *A Base de Tudo.*

Exercício:

Qual a diferença entre união e unidade?
O que tem predominado no seu casamento?

_____

_____

_____

_____

_____

_____

_____

Uma das coisas que nutrem o casamento é a admiração. Se vocês, marido e mulher, não tiverem admiração um pelo outro ou não edificarem o outro, ficará essa lacuna. Não existe essa admiração se ambos não estão em unidade. Mas essa unidade não é necessariamente exercer a mesma profissão ou ter os mesmos gostos que o seu parceiro. Está tudo bem se um gostar de triatlo e outro gostar de luta, por exemplo. O que os casais precisam aprender é a admirar a diferença e a individualidade do outro e respeitar o espaço de cada um. O casal deve ter alinhado seus princípios e valores. Mesmo sendo difícil, no começo do casamento, é importante ter acordo e comunicação. Não podemos julgar o cônjuge por errar de maneira diferente de nós. Precisamos aprender a valorizar os valores do próximo, investir e fazer as coisas acontecerem.

BLOQUEIOS

Deus ama relacionamentos acima de tudo, quando falamos da Trindade, estamos falando de relacionamento entre Pai, Filho e Espírito Santo, e nossas famílias são uma representação dEla na Terra. Os bloqueios acontecem para romper essa representação da Trindade dentro da sua casa. Talvez não faça muito sentido para você o que estou dizendo, mas quero que saiba que isso não tem a ver com religião. Você só precisa entender que o Deus Pai, Filho e Espírito Santo precisa estar dentro da sua casa. Cuidado para que nenhum bloqueio de religiosidade impeça você de viver os planos de Deus na sua vida e na vida de sua família e que você acabe não desfrutando deste relacionamento com a Trindade.

Se você, de fato, quer prosperar, precisa entender quem é a Trindade dentro da sua casa, mas, se você tem bloqueio com seus pais, quero dizer que também tem bloqueios com Deus. Não despreze essa informação, pelo contrário, identifique os possíveis bloqueios na sua mente e passe os próximos anos da sua vida se desbloqueando. Até o momento em que escrevo este livro, já fiz 48 desbloqueios na minha mente e isso não aconteceu de uma única vez. Existem coisas que foram eventos emocionais na sua vida, existem outras que foram traumas e eu amo desbloquear as pessoas, pois é mais simples desbloquear do que bloqueá-las.

Se você foi abusado sexualmente, isso aconteceu por um determinado período, mas você passa uma vida inteira com ódio e vontade de matar esse abusador. Ele feriu você por um período curto e você se prejudica por toda uma vida, porque fica remoendo isso todos os dias. **Entenda que a maior vingança que pode praticar contra esse abusador ou contra quem lhe fez mal é liberar o perdão, dar algo para essa pessoa sem que ela mereça.** Isso deixa qualquer abusador ou agressor louco, e o melhor, deixa você livre dessa carga de ódio, que o adoece e paralisa. Se quer prosperar e ter a presença da Trindade na sua casa, você precisa perdoar, pois um dos maiores bloqueios que existem acontece quando você acha que a pessoa está bloqueada com você e na verdade é você quem está bloqueado consigo mesmo e transferindo a culpa para outra pessoa.

Se você teve pais ou professores rígidos na sua criação, certamente ficará prejudicado no seu casamento ou no mundo dos negócios e precisará se desbloquear. Mulheres que tiveram um pai severo tendem a sentir repulsa do próprio marido. O fato de uma mãe ter sido uma mulher viril e governado a casa faz com que a filha também queira governar a própria casa, e toda mulher viril atrai homens emasculados. Isso acontece porque um homem emasculado quer uma mãe e a mulher viril quer um filho, quer um homem para comandar, e essa conexão acontece com perfeição. Se não cuidar do seu relacionamento e não investir o que tem para quebrar esses bloqueios, nunca será pleno em seus relacionamentos.

Os bloqueios precisam ser identificados e desbloqueados na sua mente. Por exemplo, se houve escassez na sua infância, e geralmente foi algo instalado pelo seu pai, pode passar o tempo que for, você não vai conseguir prosperar na sua vida. Se nunca o deixaram ter suas próprias experiências ou se falaram coisas negativas a seu respeito e você aceitou o que as pessoas disseram e não o que Deus diz, tudo isso vai bloqueando você. Não ter o poder de tomar decisão com velocidade também é um tipo de bloqueio. Analise tudo que trava você e foque em desbloquear, para que consiga prosperar dentro da sua família.

Não adianta você perder a esperança. Ela existe para você que precisa dela e o perdão não existe para quem é gente boa, mas para as pessoas que são ruins. A misericórdia de Deus não existe para abençoar uma pessoa que é correta, mas para a pessoa que está errada. Então, quando aprendemos isso, acontece algo, começamos a destravar. Quanto mais o transbordo existir na nossa vida, mais crescemos e mais nossa geração crescerá. Assim, não queira crescer em nada, apenas queira transbordar, porque o transbordo inevitavelmente vai fazer você crescer.

A base de tudo é a SUA FAMÍLIA.

Exercício:

Quem é Deus para você e que lugar Ele ocupa na sua família?

CAPÍTULO 4

SEXOS APAIXONANTES

COMO DEUS VÊ O SEXO

A palavra sexo, em hebraico, significa escolhido. É algo que Deus vê como santo e é um momento de prazer do ser humano, de procriação, de intimidade, de desfrute entre o casal. **Você precisa olhar para o sexo da forma como Deus olha**. Esqueça o que aprendeu na pornografia ou na repressão religiosa, ou com as inseguranças familiares, pois, se não colocar tudo isso de lado, não será uma pessoa sexualmente feliz. A genitália não é uma torneira, ou o suprassumo da relação, pois o sexo vem muito antes desse momento. É uma fluidez no corpo e Deus vê isso com alegria, pois Ele mesmo o criou e fez o homem para a mulher e a mulher para o homem.

Se há uma coisa que faz com que as mulheres fechem o coração para o sexo com seu marido é quando elas percebem que ele está ali apenas por ele e não pelos dois, não havendo uma entrega da parte dele, ou uma preocupação com a satisfação e o prazer dela. É triste pensar como isso acontece dentro dos casamentos com tanta frequência e de forma comum. Homens doutrinados para caçar e comer a caça.

Se estamos aqui falando sobre como Deus vê o sexo, isso tem a ver com o homem servir a mulher e a mulher servir o homem, visto que o corpo de um pertence ao outro. A religião nos ensina algo extremamente errado e que precisamos ressignificar para aprender a ver o sexo como Deus enxerga: santo, puro, para o desfrute, algo saudável dentro do casamento. Mas, quando alguém pratica o sexo fora do casamento, mesmo que não acredite, haverá consequências ruins, desonra, vergonha e muitas outras coisas que provavelmente você não consegue enxergar, mas aparecerão na sua vida, por buscar o sexo fora do seu casamento. O sexo extraconjugal é algo realmente errado, porém, dentro do casamento é santo e puro.

Ele é o ápice da intimidade e chamo sua atenção para a diferença entre as palavras intimidade e interação. Muitos têm relação sexual apenas com interação, uma junção de corpos, de genitálias que dão prazer físico, porém não gera uma troca de amor, não se sentem amados nem tampouco transmitem esse sentimento para o outro. Sexo por sexo não traz alegria nem intimidade, traz apenas prazer físico. A interação também acontece quando se relaciona com os seus filhos, você pode estar brincando com eles de uma forma superficial, sem olhar nos olhos e sem gerar intimidade, sem ter unidade com eles. Se o seu pensamento e o seu coração estão longe do seu cônjuge, está apenas tendo interação com ele e não intimidade.

Será que a forma como você vê o sexo é a forma como Deus vê? Você precisa aproveitar a máquina que ele lhe deu, que é o seu corpo, de uma forma natural e saudável, desfrutando e dando prazer ao seu cônjuge, pois foi para isso que Deus criou o sexo.

Exercício:

O que vocês podem fazer para melhorar as preliminares?

_____

_____

_____

_____

_____

_____

_____

PODE TUDO ENTRE QUATRO PAREDES?

Essa é uma frase popular que ouvimos há muito tempo, mas nem tudo que ouvimos pode ser uma verdade para nós, senão viveremos igual a todo mundo.

Muitas pessoas podem achar que dentro do seu próprio quarto são elas quem mandam e fazem o que querem, mas é importante que você saiba que Deus está vendo, que Ele estabeleceu princípios e que as consequências da quebra de princípios são para todos e são inevitáveis.

Este livro não pretende dizer a você o que fazer e o que não fazer, nem tenta lhe impor nossas verdades. Queremos trazer clareza à luz da Bíblia Sagrada, que é o que nos direciona, pautados na ética. Você é quem escolhe o que quer ou não para sua vida. Eu, Pablo, fui viciado em pornografia por 20 anos da minha vida e percebi que o ápice da pornografia é o sexo anal. Você fica com aquela cena na sua cabeça e acha que precisa fazer aquilo também.

Talvez você esteja sendo pressionada ou esteja pressionando o seu cônjuge a fazer sexo anal, provavelmente por influência de pornografias. Pode ser que tenham dito a você que causa dor, mas depois causa muito prazer, porém quero lhe dizer que Deus vê o sexo anal de uma forma diferente, como algo antinatural. Quando você enxergar a forma como Deus vê tudo isso, deixará de ser ignorante no assunto.

Existe um outro grupo de pessoas, que não pratica o sexo oral por bloqueio religioso, e quanto a isso não há qualquer restrição bíblica, mas o que estamos falando aqui precisa fazer sentido, ser algo natural para você. **Da mesma forma que o cônjuge não pode se negar a ter relação, também não pode obrigar o outro a fazer, pois seu corpo é do seu cônjuge e vice-versa.** Deus criou o sexo para o desfrute, mas é preciso a entrega de cada um, abrindo mão, muitas vezes, da sua vontade para atender à necessidade do outro e fazê-lo feliz, sempre cumprindo princípios.

É muito comum os homens terem relação de forma totalmente tradicional com suas esposas, eles não querem sair com elas, não investem nelas, não as levam para um lugar diferente, porém a mente deles viaja, imaginando 1 milhão de coisas, talvez até pensando em outra mulher diferente da deles e isso, segundo a Bíblia Sagrada, é adultério.

Se você fica usando sua mente para imaginar situações de sexo prazerosas extraconjugais, quero desafiar você a ocupá-la com pensamentos de prosperidade, porque o condicionamento da mente faz muito sentido. A primeira coisa que vai acontecer é o desbloqueio mental, depois a troca de experiência e depois o condicionamento, como um exercício físico para aquilo que quer alcançar na sua vida financeira.

Não pode tudo entre quatro paredes. É necessário bom senso, respeito à outra pessoa, à integridade do outro, à vontade do outro e caso ele(a) não tenha vontade, precisa plantar essa vontade no coração dele(a). Se você é casado, quero lhe dar uma tarefa agora: vá transar com seu cônjuge; se for solteiro, repita a seguinte frase: Jesus me salva!

Exercício:
Você tem algum bloqueio sobre sexo?
Converse com seu cônjuge sobre isso.

FOQUE NA EXPERIÊNCIA E NÃO NO PRODUTO

É preciso haver um diálogo entre o casal, mesmo antes do casamento, sobre o que um espera do outro. Por exemplo, o fato de o homem ter um órgão genital pequeno não significa que a experiência proporcionada será ruim. Conhecemos uma mulher que, depois de casada, decidiu se separar por causa do tamanho do pênis do seu marido. Não houve uma conversa entre eles sobre isso, ela não aguentou a pressão e, em vez do diálogo, preferiu a separação. **Portanto, foque na experiência e não no produto, pois sexo não é compra ou troca de produtos, mas uma experiência que, aliás, começa muito antes do ato sexual em si.**

Assim como dormir, o sexo também começa no dia anterior. Se o casal dormir um dia brigado, com certeza vai atrapalhar o outro dia. Você precisa entender que as mulheres são como lenha molhada. Você precisará assoprar, secar a lenha, acender, para então a lenha queimar. O homem é como micro-ondas: aperta um botão e liga na hora. A mulher precisa de estímulo, o homem não. Uma dica para as mulheres é condicionar o seu pensamento, criar na sua mente o momento do ato sexual, imaginando os detalhes, a roupa, o local, a forma. Use a imaginação, pois é uma ferramenta poderosa para começar a ter experiências incríveis com seu cônjuge, mais prazerosas e saudáveis. Toda vez que você pensa em sexo apenas como algo físico é uma desonra para o seu cônjuge.

No começo do casamento, Pablo sofria com ejaculação precoce, fruto do seu envolvimento com a pornografia. Passados quatro minutos da relação sexual, ele já estava no ápice e precisou condicionar o cérebro para reverter aquela situação. Foi o pai dele quem apresentou a pornografia e, apesar de ter casado virgem, ele sofria muita pressão para que isso não acontecesse. Chegou a ser chamado de "veado" pelo pai, por não fazer sexo com as prostitutas que ele apresentava. Hoje, seu pai é um homem de Deus, mas quando o Pablo era criança, ele "tocava o terror" na cabeça do filho.

Falamos aqui que não é sobre o produto e sim sobre a experiência, portanto, maridos, saibam que sua esposa não é sua funcionária, nem sua escrava sexual; sirva a ela e ela vai lhe servir. Sexo é troca e desfrute para ambas as partes.

Exercício:

Pense na experiência do momento, proporcione para seu cônjuge algo inédito e aproveitem juntos esse momento.

CANALIZE SEUS IMPULSOS SEXUAIS

Se estudar Freud, vai ver que todos somos depravados, todos temos uma energia sexual vulcânica no cérebro, exceto as pessoas que têm falta de algum tipo de vitamina, ou viveram algum trauma, ou possuem algum bloqueio emocional. Todos nós temos essa energia dentro de nós. Para sua vida dar mais resultado e você ser uma pessoa mais próspera, é preciso canalizar essa energia.

A energia sexual é muito forte dentro de você e a dica é canalizá-la para o que mais gosta de fazer. Sem canalizar, seus olhos, seus ouvidos, seu paladar vão gastá-la de forma prejudicial a você. Imagine o cérebro como uma caixa d'água, em que o sexo é a água, e o órgão genital, a torneira. O cérebro é quem assume o controle, pois é ele quem quer sentir os impulsos químicos e você precisa entender como comandá-lo, para canalizar esses impulsos. Do contrário, seu cérebro vai querer a toda hora sentir os efeitos dessa descarga química que o sexo proporciona para ele, trazendo vícios sexuais, desfocando seu olhar para pessoas e coisas fora do seu casamento, impedindo que você seja uma pessoa reta.

Você pode encontrar homens e mulheres perturbados, sem conseguir controlar seus desejos, sem controlar o olhar e que começam a se comportar como bichos, eles ficam dessa forma porque não sabem o que fazer com a energia que tem dentro de si. É por isso que somos chamados de "animais racionais".

A mesma coisa acontece quando alguém está sentindo ira ou inveja, ou quando está desanimado. Se souber canalizar a energia, prospera.

É preciso canalizar esses impulsos, essa energia para alguma coisa. No meu caso, gosto muito de falar nas palestras e isso fez com que eu canalizasse muito da minha energia para conseguir o que eu quero. As perdas que eu tinha e os resultados que não obtinha foram embora quando canalizei essa energia vital para aquilo que gosto de fazer. O sexo é um vulcão e se canalizarmos isso para o lugar certo, vai ser o "terror na Terra". Se você gosta de escrever, canalize para a escrita; se gosta de dar conselho e é tipo um mentor, faça mentorias. O que você gosta de fazer?

Em vez de ser o tipo de pessoa que fica catando pedrinha para colocar no estilingue, tentando acertar uma aeronave, seja uma *Minigun*, uma minimetralhadora, porém a mais rápida do mundo. Canalize tudo aquilo que está sugando a sua vida, sua energia vital, sua energia sexual, esse impulso de vida, porque quando não sabe canalizar isso, você tem um grande problema. Corte esses drenos da sua vida e seja um dissipador de energia.

Não adianta ganhar muito dinheiro agora se não souber canalizá-lo. Você vai enlouquecer, pois ele deixa qualquer um doido.

Liste tudo o que você gosta de fazer e direcione toda a sua energia sexual para isso. Jogue todo seu poder de sedução nisso, não deixe vazar essa energia de forma equivocada. Quero indicar um vídeo meu, no *YouTube*, chamado *Impulsos Sexuais*. Assista e perceba que fará muito sentido para você.

Aprenda a canalizar todos esses impulsos na hora do ato sexual, vivendo esse momento de forma intensa e única, tenha prazer e dê prazer ao seu cônjuge. Busque essa sintonia, pois não há coisa mais prazerosa do que chegar ao ápice do ato sexual junto com seu cônjuge. Essa é uma conexão poderosa.

Exercício:

Quais são seus drenos de energia? Substitua-os por tarefas saudáveis.

FREQUÊNCIA SEXUAL

Ela é como a frequência escolar. Se você não tiver frequentado um número mínimo de aulas, é reprovado. Se ela não existe na sua vida sexual, pode ter a certeza de que existe uma terceira pessoa envolvida na sua relação. Uma outra pessoa, a pornografia ou até mesmo o diabo. Você pode dizer: *"Estou apenas com raiva do meu cônjuge"*. Entenda, o diabo está se alimentando dessa raiva para gerar separação entre o casal, e é nesse exato momento que ele passa a ser essa terceira pessoa no seu casamento, pois ele se alimenta desse tipo de sentimento.

Se você tem tido pouca frequência, antes de decidir resolver isso, aumentando a quantidade de relações sexuais, converse com seu cônjuge para identificar a causa, a raiz do problema. Vocês precisam descobrir o porquê de as coisas estarem desse jeito e a dica é equalizar as necessidades de cada um, não olhar para a média das pessoas, mas entender o momento que estão vivendo e estabelecer o que é bom para ambos. Houve momentos em que chegamos a ter relações seis vezes ao dia, mas hoje, com filhos pequenos, nossa realidade é outra. Ainda acontece com muita frequência, porém, não da forma que foi um dia. A média sempre vai diminuindo porque o vigor do corpo vai diminuindo também. Estabeleçam essa média!

O sexo está ligado à temperatura, à sua autoimagem e a como você vê seu cônjuge. Se faltar respeito e admiração, vai ter problema na frequência. Você tem que achar que seu cônjuge é a pessoa mais linda e atraente da face da Terra, por isso, mesmo que não seja, foque em uma grande qualidade que ele tenha, foque naquilo que fez com que se interessasse por ele, o que despertou sua atenção naquela pessoa.

Mulheres precisam abrir seu coração para seus maridos, pois quando estão com o coração fechado, elas param de sentir vontade de transar e de fazer sexo oral com o marido. E os maridos quando estão magoados com alguma coisa também param de acessar aqueles pontos que geram prazer na sua esposa. Sexo é cumplicidade e a frequência está ligada à intimidade e ligada ao que você vê no outro.

Homens precisam ter cuidado com a pornografia, se não está tendo frequência com sua esposa, provavelmente, é porque resolve seu problema em 2 minutos com a pornografia. A pornografia consome 30% da sua atividade cerebral, deixa você desanimado e traz outras consequências, então não faça isso consigo mesmo. É mais fácil acessar a pornografia do que aturar a sua mulher chata, mas, se ela é chata, a culpa é sua por não saber domar sua esposa, ganhar o coração dela. Você precisa acessar os códigos da sua amada porque, enquanto isso, a mulher de fora está rindo para você o tempo todo. Preste bem atenção, senão você vai "se lascar".

"Vai pra cima" no seu casamento, mesmo que um ou outro não esteja com vontade; comecem a se encostar, tocar o corpo um do outro e a vontade vem na hora. Quantas vezes você termina o ato sexual e se pergunta: Por que não faço isso mais vezes? A prática do sexo gera uma troca de energia fabulosa, você perde calorias e ganha mais "quilometragem" com a pessoa. Não fique sem transar, nem que seja apenas duas vezes por semana. Se o seu marido está vivo, ele sempre vai estar a fim de transar; se a sua esposa vier com desculpas, pegue-a no laço e acenda a lenha molhada.

Exercício:

O que você pode fazer para ganhar o coração do seu cônjuge e melhorar a frequência sexual de vocês?

_____

_____

_____

_____

_____

_____

_____

_____

A BATATA QUENTE

Trata-se de um jogo mental que criamos e vamos compartilhar com vocês. Nesse jogo ninguém quer ficar com a batata quente na mão, então, toda vez que eu procuro a Carol para termos relações sexuais, eu passo a "batata" para ela, que vai se apressar em me procurar para transar e, assim, devolver a jogada. Na verdade, é um joguinho que nunca tem fim e coloca uma certa pressão no outro. É preciso criar estímulos mentais entre você e seu cônjuge, justificativas mentais, novas trilhas neuronais para desfrutarem do sexo no casamento, para que isso não seja um problema para vocês. **No casamento, temos uma tendência a ficar amigo do nosso cônjuge, o que é muito bom, mas melhor ainda é ter um relacionamento sexual saudável.**

Se você quer essa mudança, mude o modelo mental, pois mudará a sua frequência do sexo, sua produtividade cerebral, seu tônus vital e muitas outras coisas em sua vida. O sexo alivia o estresse, é uma válvula de escape, um dreno que solta todas as energias ruins que estão retidas dentro de você. Se trabalha demais e tem filhos pequenos, a maneira que você tem de ficar melhor é aumentar sua frequência sexual.

Imagine o motor de um carro possante, daqueles que fazem muito barulho. Se não tiver válvula de escape, o carro explode. Você precisa extravasar para não acumular raiva, rancor, amargura e ódio. Não deixe o diabo dormir com você, perdendo sua intimidade com seu cônjuge, e sempre que possível, seja verdadeiro, falando sempre com carinho, e não de qualquer jeito. Não critique, mas faça perguntas. Seja elegante nas perguntas e resolva essa parada na sua casa. Ache um jogo mental que faça sentido para vocês, conversem bastante, abram o coração um para o outro, e faça o que tiver que ser feito para viver o transbordo na vida sexual.

Exercício:
Conversem e identifiquem uma forma de estimularem um no outro a maior frequência e qualidade do sexo. Faça perguntas ao seu cônjuge, em vez de afirmações.

VIDA SEXUAL INSATISFATÓRIA

É muito provável que você não tenha aprendido sobre esse assunto em casa, muito menos na igreja. Em casa, havia o medo de falar sobre ele; na igreja, uma grande repressão; e na escola, uma distorção. Possivelmente, o que você aprendeu sobre sexo foi com amigos que tiveram uma infância erotizada ou com seus amigos e amigas piriguetes.

Existem três estágios do sexo na cabeça de uma pessoa: o excesso, que é ter relação sexual todos os dias e várias vezes ao dia; a falta, que é a realidade da maioria das pessoas; e uma minoria que vive o sexo saudável e prazeroso. O sexo é algo de Deus, que se alegra com isso, pois foi Ele mesmo quem criou o sexo e nos autoriza a desfrutar do que Ele criou, diferentemente de algumas religiões que pregam que o sexo é apenas para reproduzir. Aparentemente, o corpo humano não suporta uma atividade sexual intensa, de relações múltiplas todos os dias, principalmente o órgão genital feminino, por conta da sensibilidade e da pressão na hora do ato.

Se você tem excesso ou falta, é bem possível que tenha algum tipo de problema ou bloqueio. Se está saudável sexualmente, não tem bloqueio. Sugiro que avalie em que estágio está. Excesso, falta ou saudável. Existe uma "bomba de água" no seu cérebro, que fala tudo sobre sexo e funciona constantemente; existem amizades e relacionamentos que acontecem a partir da sua sexualidade, sob o comando dessa bomba de água, algo que você nem imagina. O órgão sexual não é todo sobre sexo, mas apenas uma torneira, seu corpo é o encanamento e o seu cérebro é a caixa da água. O que você faz com esse impulso?

Soube de algo muito interessante que um grupo de pessoas no Vale do Silício estava fazendo: jejum de dopamina. Estavam se privando de coisas que são prazerosas – como comida, bebida, drogas e sexo – para potencializar a produtividade.

O sexo não é algo para antes do casamento nem para ser feito fora do casamento. Outro dia, um cantor famoso que estava na minha casa me perguntou o que ele deveria fazer para resistir ao monte de mulheres que ficam à sua volta. Perguntei se ele era obrigado a sair com todas e ele me respondeu que sim. Na mesma hora eu disse que ele não era um homem livre, porque **liberdade é decidir e escolher com quem você vai ficar e não se sentir obrigado a sair com todas as mulheres**.

Liberdade é poder fazer escolhas. A ejaculação precoce também é falta de liberdade. É preciso estudar sobre isso, porque mudar a expressão facial na hora do ato sexual, por exemplo, pode enviar um comando para o cérebro, que inibe a ejaculação. A mulher precisa dar prazer ao seu marido e o marido precisa dar prazer à sua esposa. Sexo é vida e você precisa fazer isso de forma saudável. Não deixe sua vida sexual ficar sem gestão. Se não estiver plantando na vida do seu cônjuge, certamente ele vai encontrar outra pessoa que faça isso, que pode ser uma pessoa bloqueada e com problemas no casamento como ele, e isso será um grande problema para vocês. Sejam selvagens na cama e cuidem da vida sexual de vocês!

Exercício:

O que vocês farão para manter ou atingir o sexo saudável e prazeroso dentro do casamento?

_____

_____

_____

_____

CAPÍTULO 5

GERAÇÃO DE PATRIMÔNIO FAMILIAR

Se você quer ter acesso a outros conteúdos sobre como salvar seu casamento, criação de filhos, vencer o luto, entre outros, confira o QR CODE abaixo e acesse agora o site do programa A Base de Tudo – uma plataforma completa de conteúdos sobre família que vai transformar seu lar.

A PROSPERIDADE

Este tema vai mexer com sua família, pois prosperidade significa crescer em todos os caminhos. Nosso desejo é que você seja próspero, mas você precisa desejar isso para sua vida, muito mais do que nós. A prosperidade não significa ter muito dinheiro, pois pessoas com muito dinheiro nem sempre são prósperas.

Quando conheci a Carol, eu tinha uma bicicleta muito velha e no dia em que ela andou comigo naquela bicicleta, tive a certeza de que iria me casar com ela. Logo que nos casamos, combinamos de guardar dinheiro e concentrar renda pelos próximos dez anos, quando completamos sete anos começamos a viver algumas regalias e, agora, com dez anos de casados, estamos explodindo na Terra.

Queremos ensinar algo sobre prosperidade e a primeira coisa que você deve saber sobre isso é que você precisa desfrutar e ter a convicção de que não tem outra opção na vida a não ser prosperar; é algo inegociável.

Desde que andávamos naquela bicicleta velha, tínhamos a convicção de que iríamos prosperar, nunca houve outra opção para nós. **A prosperidade é algo natural e a pobreza é resistência.**

FAMÍLIA — A BASE DE TUDO

Quando alguém fica improdutivo, vai "amargar" na pobreza, pois se quiser alcançar prosperidade, ser rico, precisará ser uma pessoa produtiva, o que não significa trabalhar muito, mas sim fazer a coisa certa, produzir aquilo que tem a ver com o seu propósito de vida. Esse é o grande segredo da prosperidade. Haverá momentos em que você vai precisar trabalhar muito, é normal, mas se o seu trabalho envolver sacrificar a sua família, saiba que há alguma coisa errada.

A gente precisa saber que crescer dói, ter o pior ano da sua vida significa que haverá resquícios para o outro ano e todos os seus anos posteriores passarão a ser os piores anos da sua vida, pois você está em expansão, em crescimento. E quando deixar de sentir dor, terá deixado de se expandir, de crescer e de prosperar.

Preciso também dizer que para prosperar você precisará delegar, transferir para outras pessoas. Se não delegar, terá que fazer tudo e não conseguirá desfrutar. A prosperidade é fluir na vida dos seus filhos, nas amizades e em tudo. **Prosperar é crescer um pouco a cada dia.**

A maioria de vocês, porém, está com os casamentos desgraçados. Boa parte não consegue nem decifrar como está o casamento, troca o tempo para ganhar dinheiro e supostamente honrar a família e não entende que devem fazer isso de forma inversa.

Às vezes você acha que prosperar é tudo dar certo, mas há coisas que, para prosperar, terão que dar errado. Muitas pessoas ficam chateadas com Deus, mas, se a empresa quebrou, ela precisava quebrar. Se isso não acontecesse, você não teria uma grande empresa logo em seguida, então não tenha medo de jogar as coisas no rio.

TENHA CONVICÇÃO DA PROSPERIDADE EM SUA VIDA.

Se você não colocar data para deixar de ser assalariado, sua família não vai decolar. A liberdade que vivemos hoje está fora do salário, não tem como acontécer de outra forma. É sacrificar o salário para poder ir para o lucro, para você empreender. Por pior que seja o cenário no qual você esteja vivendo, é necessário que você tenha convicção, é necessário ter fé e declarar, é preciso reafirmar que não existe outra opção para vocês. Nós tínhamos convicção disso no nosso casamento, desde o início sabíamos que iríamos prosperar.

Tenham convicção. É isso que Deus tem para a sua família! Não fica implorando para Ele te dar, pois Ele já te deu, já é seu quando você reafirma essa verdade. Quando você estabelece essa verdade, terá outra disposição para acordar cedo todos os dias e ir trabalhar para alcançar aquilo que você já sabe que é certeza, que é só questão de tempo para chegar até vocês.

O QUE VOCÊ ESTÁ FAZENDO É DE DEUS, SEU OU DO DIABO?

Existe um código para saber se aquilo que você está fazendo é de Deus, seu ou do diabo. Se for de Deus, você prospera e as pessoas em volta prosperam. Se for do diabo, ninguém prospera ou talvez, se tiver um pacto, só você vai prosperar de maneira artificial e ninguém mais à sua volta, a não ser que seja debaixo de um pacto em que o diabo pega sua alma e paga ali, mas depois ele toma tudo de você. O adversário não consegue sustentar porque não é natural. Mas se for só seu, só você prosperará e ninguém em sua volta vai acompanhar.

PROBLEMAS FINANCEIROS CONJUGAIS

Muitos casais começam o casamento com unidade, mas logo a perdem porque começam a ter problemas nas questões financeiras e com isso vem a reclamação, a murmuração. E mesmo que eles tentem resolver a questão financeira, se não conversarem, não vai adiantar.

Quando o casal tem uma dívida, precisa conversar sobre isso e precisa ser estabelecido um prazo. Gere contentamento nesse período, gere foco. Quando vocês não conversam, não estabelecem um tempo ou um prazo, o que acontecem são as brigas, porque vocês sempre vão achar que não prosperam e não saem do lugar, mas o único problema é que não está havendo clareza através do diálogo no seu relacionamento.

O homem precisa dar direção para a sua esposa ter segurança, pois a mulher busca segurança. A mulher pode falar que está com você nessa para pagar as dívidas, mas o homem tem que dar a direção..

A dica que eu dou é: não pague as dívidas primeiro. Negocie as dívidas, tire o foco delas e vá em busca de novas receitas.

Os cinco tipos de rendas

1. Salário

Estabeleça um prazo para acabar com isso, pois o melhor salário do mundo é pequeno para a pessoa mais boba de todas. Se você está até hoje no salário, a sua vida está salgada. Salário tem que ter data para acabar. Eu não sou contra salário, mas você tem que encará-lo como uma ajuda de custo.

2. Empreender

Empreender vai colocar toda a pressão do coletivo nas suas costas. Empreenda para gerar patrimônio. Se você está no mundo do empreendedorismo, você está com mais pressão e transferindo muita pressão.

3. Patrimônio

Se você já possui patrimônio, precisa levá-lo a produzir uma renda passiva.

4. Renda passiva

Coloque seu dinheiro para trabalhar sozinho. Imagine você acordar todos os dias e o dinheiro entrar na sua conta sem você fazer nada, como no meu caso, e eu falo isso com toda a humildade. Nós poderíamos nos reduzir à nossa santa ignorância com as aplicações que temos, com todo o dinheiro em fundos, loteamentos; poderíamos nunca mais aparecer no Instagram porque o dinheiro chega sem fazermos nada, mas por que nós fazemos? Porque isso arde no nosso coração.

Muitas pessoas pobres olham para os ricos e querem amaldiçoá-los, mas a maior parte dos homens que eu conheço são generosos, na escala de riqueza. Para a maioria dos bilionários, não muda nada se ganharem mais ou menos dinheiro. Sabe por quê? Porque eles não precisam disso! O dinheiro deles está aplicado nos 4 Ps, que é a renda passiva.

5. Renda eterna

Aplicar o dinheiro onde a renda não tem fim é investir em pessoas e é nessa renda que estamos agora, investindo em você.

FOCANDO NO PROBLEMA

Se o casal está passando por algum momento de dificuldade, se quer mudar algo, o importante é vocês entenderem em qual área da vida está o problema. Existe uma raiz, e ela ramifica. Então vocês começarão a ter problemas em outras áreas do relacionamento. Se os problemas forem na área financeira, foquem nela e invistam em treinamento. Estudem, aprendam o que vocês podem fazer para mudar isso. Entendam que vocês são unidade, são um só, e os dois precisam trabalhar em prol disso.

FECHANDO OS CINCO PONTOS MAIS IMPORTANTES

Tenham patrimônio, senão vocês vão ficar sem força na Terra. Os cinco homens mais ricos do Brasil têm mais dinheiro do que 100 milhões de brasileiros, só esses cinco homens têm mais poder do que várias nações juntas.

O código é: sua família sem patrimônio é fraca.

Você fala que você e sua família têm fé em Deus, mas lembre-se de que a fé é individual; ela não é um patrimônio na Terra, mas um patrimônio no céu.

Por mais que você não queira ser rico, e não querer pode ser um bloqueio de escassez, ter um patrimônio faz de você alguém forte.

Você não vai sentar-se em certas mesas se não tiver isso, então, para honrar sua família, sente-se com todo mundo em prol de tal avanço familiar e invista tudo que vocês têm.

Pense em um reinado no qual o rei não tem castelo. Todo reinado tem patrimônio, tem castelo. Todo reinado tem um exército.

Você precisa estudar finanças, justamente para mudar sua realidade e isso tem que ser um negócio violento entre vocês: você, seu cônjuge e seus filhos.

SEJA OUSADO

Há algo importante para falarmos e que vai ser desconfortante. Aprendemos isso com um homem que víamos crescer de forma assustadora porque ele era ousado, e nós trouxemos isso para a nossa vida financeira.

Vai ser desconfortável? Vai, mas sejam ousados. Se vocês perseverarem, se ouvirem seu cônjuge, vão chegar em lugares que vocês não imaginam.

Peguem os códigos. Tenham unidade. Sejam ousados.

Não aceitem um limite. Dialoguem.

Não tomem decisões sem conversar um com o outro, mas decidam juntos. Lembrem-se de que tem um cabeça na casa, que está disposto a morrer por todos vocês.

SEJA HUMILDE PARA APRENDER

Nós vivemos em uma geração "chorona", uma geração na qual as pessoas declaram não gostar das outras por não terem uma aparência que as agrada, não falarem do jeito e o que elas querem ouvir.

O nosso desejo é que famílias transbordem porque nós fomos criados para isso, para desfrutar do melhor dessa Terra. Você não tem que ser pobre ou miserável, as pessoas falam mal de quem tem dinheiro, de quem é próspero, mas jogam na loteria toda semana.

Aprenda com as pessoas que têm valores e princípios bons para ensinar, seja humilde.

PONTOS DE DIVERGÊNCIA E PONTOS DE CONVERGÊNCIA

Se nós temos cinco pontos de divergência e quarenta de convergência, então o placar é 40 x 5. Tem gente que deixa de aprender os quarenta porque tem cinco de divergência.

Deixe de lado a divergência e foque somente na convergência. Vem, pega, aprende e vai embora. Não precisa ficar.

Sabe por que você não prospera? Porque você é vítima, e a vítima faz o quê? Reclama. Quer prosperar verdadeiramente? Tenha a humildade para aprender com todo mundo. Mesmo se a pessoa for idiota, dá para você aprender com um idiota: como não ser um idiota.

A IMPORTÂNCIA DA PROSPERIDADE NO CASAMENTO

Com 18 anos, eu ia comprar um fusca cuja porta abria para trás, com um dinheiro que minha mãe havia me devolvido, de um empréstimo anterior que fiz para ela. Mas quando contei para minha mãe sobre o fusca, ela disse que não aceitaria que eu fizesse isso com a Carol.

Eu olhava para a Carol e falava que ela iria me dar trabalho porque teria que trabalhar muito mais, então, na hora que eu conectei a Carol na minha vida, eu, de fato, me esforcei muito para ser "alguém que preste". Você está se esforçando para ser alguém altamente eficaz, altamente brilhante por causa do seu cônjuge? Você tem alguém para olhar e decidir ser melhor por causa dessa pessoa?

Você não tem? Então, saiba que esse é um dos problemas do declínio do casamento.

A sua família é uma empresa, uma indústria de produzir felicidade na Terra, felicidade entre você, seus filhos e inclusive com os seus colaboradores.

FAMÍLIA — A BASE DE TUDO

Exercício:

Em quais áreas da sua vida você não está produzindo?
Liste 3 tarefas para cada uma dessas áreas.

_____

_____

_____

_____

_____

_____

_____

_____

A FAMÍLIA É UM REINADO

Sua família é seu reinado. Aqui em casa eu sou rei e a Carol é a rainha, você que está lendo este livro não é nosso súdito, pois também tem o seu reinado e é sacerdote do reino dos céus aqui na Terra, na sua casa. Em outro capítulo, falamos sobre o triângulo e que Deus está na ponta superior, então, trazendo para o contexto financeiro, temos Deus no ápice, o marido e a esposa em uma ponta e na outra ponta os bens financeiros, porque o patrimônio é parte essencial de uma família.

As cinco famílias mais ricas do Brasil têm uma quantidade de dinheiro superior à de 100 milhões de brasileiros, e não existe nada mais importante e poderoso do que uma única família. Porque sua família também é um reinado, precisa prosperar e esses recursos voltarem para dentro da sua casa. Certo dia, no Método IP, havia um aluno que ajudava muitas crianças carentes em sua cidade. Ele disse que pararia de comer, se fosse preciso, para alimentar os outros. Todos os alunos acharam bonito aquele discurso e concordaram com o que ele disse. Eu percebi a situação e perguntei se faltavam coisas em sua casa e era visível que faltava. Não é correto agir dessa forma. Não deve faltar suprimento na sua casa para ajudar os outros. Antes de ajudar outras pessoas, precisamos transbordar dentro da nossa casa. Em primeiro lugar, os recursos precisam suprir sua família.

Havia um treinador na nossa plataforma que estava há 10 anos em uma comunidade religiosa. Ele ajudava muitas pessoas, mas seu aluguel estava sempre atrasado. Passava por muitas dificuldades, atrasava a escola dos filhos, mas ajudava todo mundo e achava que era Deus quem mandava ele fazer dessa forma. Quando nos encontramos, desbloqueei algumas coisas na mente dele e ele prosperou de verdade, a partir daquele dia. Lançou livros e está fazendo muitas coisas e agora conseguindo ajudar um número muito maior de pessoas.

Quando transbordamos, automaticamente queremos fazer isso pelas pessoas que estão à nossa volta, mas é um erro transbordar na vida das pessoas, deixando em falta os da nossa casa. Deus lhe deu sua família para cuidar e você não deve ser imprudente. Se não tiver uma escritura quitada em seu nome, você é um consumidor, está comendo as suas sementes. Um comedor de sementes nunca planta, como os pássaros, apenas come as sementes e isso prejudicará profundamente a sua família em algum momento.

Se trabalha para alguém, você dá todas as suas energias para essa pessoa e o seu reinado será transferido para ela. Você abre mão do direito de ser rei para dar esse poder a outra pessoa, se tornando escravo, investindo em outro reino.

Família é um reinado, onde Deus é o rei. Ele é o patriarca. Marido e esposa fazem parte desse patriarcado. Por isso, precisamos produzir bens e um exército, que são os nossos filhos. A sua família é o seu reinado, então não seja escravo nem escravize ninguém na sua casa. Seus filhos são ogivas nucleares que você vai acionar. Foque na sua família, nesse reinado que está construindo, e não se esqueça de que um dia vai construir outros reinados, através dos seus filhos.

Ter uma família não é tão pesado. A sua ignorância pesa toneladas, a sua falta de modelagem e de testes pesam também. Se você quer ter uma vida pesada, continue andando com pessoas pesadas, continue praticando essas mesmas atitudes. Quero te falar que ter uma família é leve, por que é leve? Se você se encontra, você faz todo mundo que está perto se encontrar também e esse reinado não é pesado porque, de verdade, o rei não é você, mas Deus. É sobre mim, você e Ele; não sobre mim, mas sobre nós três. A sua família é você, seu cônjuge e seus filhos; são vocês três a família que você tem e que representa a Trindade: o Pai, o Filho e o Espírito Santo.

FAÇA JESUS FAMOSO ATRAVÉS DE SUA VIDA

As pessoas enxergam Jesus quando entram na sua casa? Elas se sentem maravilhadas com a prosperidade que Deus colocou nas suas mãos? Você está fazendo Jesus famoso na sua geração? Os seus filhos têm visto Jesus em você? Em tudo que você toca, você gera cura, gera multiplicação? Em tudo que você toca, há crescimento?

O Reino de Cristo está sendo estabelecido e Ele tem levantado os trabalhadores da última hora. Sua família é uma base.

Muitos têm casa para morar, mas poucos têm um lar verdadeiro.

Muitos podem até ter dinheiro nas mãos, mas não sabem o que é multiplicar.

Muitos têm um dia de folga, mas não sabem o que é desfrute.

Muitos têm uma aliança no dedo, mas não têm unidade.

Muitos parecem ter muitas coisas, mas é só aparência.

Muitos se dizem religiosos, mas poucos são amigos de Jesus.

Uma coisa é sua mãe gerar você e chamar de filho, outra coisa é você se comportar como filho. Você é alguém que não está desfrutando da vida se você não tem unidade, não tem amizades, não está transbordando, não está tratando com seriedade os seus filhos, se está transferindo o seu poder de criação dos filhos para igreja, escola, televisão e empregados. Pare de brincar de ter uma família!

Pare de brincar de ser idiota e leve sua vida a sério! Ela pode ser muito divertida, mas até a diversão precisa ser levada a sério.

Eu quero acertar uma flechada no seu peito para ver se eu acho esse coração porque talvez ninguém o esteja encontrando, talvez nem Deus, porque você o fechou em um lugar o qual você não permite que Ele acesse. A base de tudo é a família. Muitos erraram e caíram, mas é só se levantar de onde você caiu.

Estamos falando sobre finanças. Acredite! Sua esposa não vai respeitá-lo enquanto você não prosperar, enquanto você não pagar essas contas, enquanto você não for um cara digno de falar que tirou sua família do aperto. Enquanto a sua esposa não tiver o conforto e a segurança que ela busca, ela não vai confiar em você. Você é a pessoa da confiança e ela é a pessoa da segurança.

Enquanto você não tiver humildade para ouvir sua esposa, ela também não vai respeitá-lo.

Até quando você vai ficar parecendo com seu pai? Até quando você será um "banana"? Até quando você vai expor sua família?

Até quando seus filhos vão pedir para comprar roupa e você vai falar que não tem dinheiro? Até quando eles vão pedir para comprar presentes e você vai falar que não tem dinheiro?

Até quando eles vão chamar você para uma viagem e você vai ficar falando que não tem dinheiro?

O que você não tem é força de vontade, *networking*, esforço, ideias e um monte de coisas que você não faz. Até quando sua família vai ser envergonhada porque você não é homem?

Estou falando com você que é homem! Você fica abalado com o que eu falei, mas não fica abalado de ser um "merda" na vida! Então, o recado é: vire homem agora. Meninos não prosperam, filhos comem das migalhas que caem da mesa dos seus pais. Até quando você vai ficar pedindo autorização ao seu pai para fazer alguma coisa? Até quando você vai ser um humilhado na Terra?

Só homens e mulheres prosperam. Desconecte-se desse monte de besteira que está na sua cabeça.

Pare de ser mentiroso, tome uma nova direção. Você está fingindo ser quem você não é. Tenha disposição para aprender e testar. Não foque em ganhar nada dos outros, foque em aprender. Quando você aprende, é seu. Quando você aprende, você não depende.

A única pessoa em todo o meu caminho de que eu não abro mão é a Carol. Meus filhos não são meus.

Pense no hoje. Tome uma nova direção. Não tem como produzir hoje se não resolver coisas que estão travando você no passado. Não tem como produzir hoje se você não se desconectar desse excesso de futuro.

O que está travando você? Passado e futuro. Se você pensa no passado, o cérebro pensa que é hoje; se você pensa no futuro, o cérebro pensa que é hoje, então o que você tem que fazer é pensar no hoje. Seu cérebro vai ter certeza de que é hoje.

COMO COMEÇAR A DESMONTAR UM REINO?

Há uma diferença entre reino e império. O império tem faraó, escravidão, alienação de pessoas que não prosperam em sua volta. Vou te dar um código. Se você faz parte de uma comunidade em que pessoas estão alienadas, são escravizadas e não prosperam a sua volta, você é o imperador. O império aponta para as trevas, e o reino aponta para a luz.

Exercício:

Durante 30 dias, antes de realizar qualquer compra, avalie se aquela aquisição é realmente necessária, ou se está diminuindo o poder do seu reinado.

MULHER EM CASA OU NO TRABALHO?

A mulher do século XXI acha que tem a obrigação de trabalhar fora, por isso vemos muitas mulheres sendo recriminadas por não trabalharem, porque decidiram ficar em casa e cuidar dos filhos, da casa e da sua família. Eu, Carol, sempre trabalhei na empresa dos meus pais e isso me proporcionou alguns privilégios quando os meus filhos nasceram. Podia levá-los para trabalhar comigo, em outros momentos podia trabalhar meio expediente, de alguma forma tendo-os por perto e, ainda assim, foi bem difícil conciliar.

Quando decidi parar de trabalhar foi difícil para nós, porque fui criada e preparada para trabalhar fora e Pablo também achava que eu tinha que ir trabalhar, porém acredito que a mulher precisa avaliar o momento que ela está vivendo nessa fase.

Sei que muitas trabalham para compor a renda e ajudar financeiramente seu marido, e o que precisa ser pensado, principalmente pelas que possuem filhos pequenos, é se vale a pena diminuir um pouco a renda familiar para estar em casa com seus filhos, cuidando da educação deles. Não queremos dizer o que é certo ou errado, mas trazer uma clareza para que tome uma decisão considerando vários fatores.

Você precisa entender qual é a prioridade do momento. **A prioridade da sua família é seu cuidado, afeto e atenção ou estar no trabalho gerando recursos?**

Talvez readequar o orçamento da família, o padrão de vida, seja muito mais benéfico do que manter-se trabalhando.

Sua presença dentro de casa vai transferir algo que nenhuma cuidadora ou avó seriam capazes de transferir. Só você poderá transbordar amor materno na vida deles e é importante saber que será apenas por um tempo.

FAMÍLIA — A BASE DE TUDO

As pessoas desmerecem muito as mulheres que ficam em casa, que não trabalham. Não consideram que o serviço doméstico também seja um trabalho e que, na verdade, trabalhamos muito mais do que numa empresa, por exemplo. É um serviço incessante e fazemos várias jornadas em um único dia. Talvez a sua realidade não lhe permita parar de trabalhar, então faça dos momentos em que você estiver com sua família, com seu esposo e filhos, momentos de entrega, de desfrute. O mais importante de tudo é ter um tempo de qualidade, porque também não adianta ser aquela mãe que fica em casa o dia inteiro mexendo no celular, sentada no sofá, vendo televisão e que mal olha para o rosto dos filhos. Aqui em casa eu tomei uma decisão: raramente os meus filhos me veem mexendo no celular, porque não faz sentido eu dizer para eles que não podem ficar no telefone e não dar o exemplo. Que o tempo de qualidade seja a sua prioridade! Sugiro que, junto com seu esposo, entendam o que é melhor para a família de vocês neste momento, nesta fase da vida que estão passando, se é trabalhar fora ou ficar em casa. Que a decisão que tomarem traga paz em seus corações!

Exercício:
Conversem e percebam qual é a maior demanda de sua família hoje.

COMPRAR UMA CASA OU INVESTIR?

Eu sei que o sonho da maioria dos brasileiros é ter uma casa própria, um carro na garagem e uma casinha nos fundos para transformar em renda, mas, na verdade, esse sonho acaba sendo um grande engano. Quando o ex-presidente Luiz Inácio Lula da Silva lançou o projeto Minha Casa, Minha Vida (na verdade minha dívida), as pessoas ficaram muito felizes, principalmente as mulheres que amam essa segurança da casa própria. Porém, esqueceram que a pior forma de se comprar um imóvel é por financiamento bancário. A melhor forma de comprar um imóvel é construindo. Uma outra forma é adquirindo através de leilões, podendo comprar com até 60% de desconto, ou economizar construindo, quando se tem uma economia de até 50%, comprando à vista. Outra opção é pagar parcelado sem juros, direto com a construtora. Comprar em consórcio gera uma economia de 3% a 20% do valor e é também uma boa opção.

Um endividamento que não gera renda, não gera mais recursos ou que não acarreta uma multiplicação daquele valor, não vale a pena, é loucura! Ter uma casa como primeiro patrimônio não é recomendado. Minha dica é que só compre uma casa quando tiver um patrimônio de 3 milhões de reais, seja em ações, em aplicações ou opte por comprar casas para ir aumentando seu patrimônio.

Quando você compra algo que não vai lhe gerar renda, está arrumando um problema. Um grande exemplo disso é o ator de Hollywood, Johnny Depp, que fez o personagem Jack Sparrow, no filme *Piratas do Caribe*. Ele recebeu de direitos autorais, em *royalties*, durante a carreira, a quantia de 650 milhões de dólares, o que equivale a mais de 2 bilhões de reais! Um montante surreal! E começou a comprar muita coisa que não gerava receita, que não dava retorno, e isso gerou um problema seríssimo para ele, porque construiu um patrimônio que só dava despesa. Ele comprava imóveis, construía pistas de avião, investia sem retorno, pelo contrário, apenas somava despesas altas de manutenção, que foram consumindo toda sua fortuna. Imagina ter uma casa que só te dá prejuízo?

Há alguns anos resolvemos construir uma casa de alto padrão em Goiás e combinamos de gastar 2 milhões de reais na casa. Analisamos e percebemos que ela geraria cerca de R$ 20.000,00 de despesas mensais, algo totalmente inviável. Optamos por aplicar o valor da casa e ter um alto retorno pelo tamanho do investimento, além de economizar aquela alta despesa mensal que teríamos. Decidimos, então, permanecer no apartamento onde estávamos morando de aluguel, mesmo tendo alguns imóveis adquiridos.

Se você decidir comprar um imóvel, tudo bem, mas não é a forma correta. Analise: você quer uma casa ou quer investir? Um investimento de 2 milhões de reais em precatórios gera 1,66% ao mês, líquido e certo, gerando um retorno financeiro de juros com o qual você consegue pagar tranquilamente um consórcio com esse valor. Meu conselho é que você faça investimentos, pois fazer investimentos é plantar sementes.

Exercício:
Converse com seu cônjuge e identifique quais novos hábitos de investimento sua família pode adquirir a partir de hoje.

REGIME DE BENS

Quantos milhões você precisa para ficar bem? Aprenda, quem é próspero não está preocupado em colocar limites, mas em continuar crescendo. **A prosperidade é ilimitada, não tem impossibilidades, nela tudo é possível.** Pare de achar que prosperidade é ter o que precisa. Isso é ter condição. Foi muito duro para que eu entendesse isso, pois eu achava que era uma besteira, mas hoje estou prestes a comprar uma aeronave e o meu cérebro diz para comprar um bimotor porque vai dar menos trabalho. O nosso cérebro sempre vai nos inclinar para uma condição. O que estou lhe ensinando é a ter um alvo patrimonial na sua vida. Infelizmente, existem muitas pessoas cuja única coisa que querem desta vida é uma casa própria, desvalorizando quem elas são.

Entenda que, quanto maior for o seu patrimônio, maior será o seu reinado nesta Terra. A partir de hoje, declare que não abrirá mão do que é seu e aprenda uma chave poderosa na Terra sobre isso: **Quem não pega o que é seu, deixa disponível para os outros.** Quando eu entendi isso, passei a não renunciar a nada, pois não quero deixar nada jogado para ninguém pegar o que é meu. Deus nos deu a Terra e tudo que nela existe, mas poucas pessoas entenderam isso; os que já entenderam estão tomando posse de tudo. Existem riquezas espirituais, riquezas eternas. Os campos estão brancos e poucos são os trabalhadores. As pessoas não prosperam por causa de preguiça, então como vão gerar patrimônio? Pessoas que têm patrimônio são pessoas que aguentam o tranco.

Quero dar um desafio a você: coloque uma meta para os próximos dez anos e não olhe para o seu estado atual. Fique em paz, porque o seu hoje não define seus próximos anos. Você não é capaz de dimensionar o resultado que vai trazer um ano da sua vida completamente focado, trabalhando pesado, envolvido com sua família e com um alvo. Agora multiplique esse resultado por dez! Se hoje você não está gastando uma hora por dia com o seu alvo, não será uma pessoa diferente daqui a dez anos, mas se você fizer dez vezes mais em um ano, você vai "pirar" em dez anos, vai tocar o terror na Terra. É uma conta que não consegue fazer.

Tenha alvos! Alvos de um ano, de cinco e de dez anos. Um alvo bom é multiplicar os que for alcançando. Por exemplo, construir um prédio e fazer com que esse prédio gere outros recursos, como aluguéis, que é um dinheiro que volta para você. Construir uma grande casa para sua família morar é algo que vai lhe dar muita despesa em vez de retorno, então está errado. Crie alvos patrimoniais que sejam sustentáveis, afinal, lembra da história de Johnny Depp, que perdeu sua fortuna porque não fez investimentos da forma correta?

O grande segredo é produzir patrimônio que gere renda, pois não há enriquecimento sustentável sem isso. Tenha alvos escritos e determinados, tenha alvos pequenos que consiga realizar e vá aumentando-os. Coloque sua fé nisso, pois resultados curam, e depois parta para o próximo alvo e o próximo, consecutivamente. Isso vai destravar sua vida! Não olhe para o hoje, não fique apavorado, mas "caia pra dentro"! Este livro pretende instigar você a gerar patrimônio, para gerar força na sua família e ajudá-lo a conquistar o seu reinado nesta Terra. Você poderá escolher o que fazer e dinheiro não será problema para você. Deus deu a Terra para Seus filhos, e eu pergunto: Você é um filho pequeno ou um filho grande? Saiba que você é quem manda e que exerce o poder e o domínio sobre tudo o que Ele lhe deu para governar sobre a Terra.

O LASTRO DA FAMÍLIA

Finanças é um dos assuntos que mais desestabilizam casais, que mais geram desonra. Se você entender que sua família é a base de tudo, saiba que, para ser forte, essa família precisa ter lastro.

O que é lastro?

Antigamente, o Banco Central permitia um papel moeda que tinha que ter a reserva correspondente em ouro. Então alguns governos, aqui dou o exemplo da Venezuela, começaram a imprimir muito papel moeda, mas a economia não tinha lastro. O principal *commodity* era o petróleo, que dominava a economia do país. Porém, aconteceu uma queda de 50% no preço do barril, 40% das pessoas eram funcionárias públicas e existia emissão exagerada de papel-moeda. O resultado final foi a quebra da nação.

Então, não ter lastro é um problema.

Estes são 3 pontos primordiais para você nunca quebrar:

1. Não busque estabilidade. No caso da Venezuela, quase metade da nação era patrocinada pelo governo.

2. Não dependa de uma renda. A Venezuela quebrou porque só dependia do petróleo.

3. Não emita crédito nem energia se não tiver lastro. Como emitirá algo que você não tem? Viva com menos do que você ganha.

Nós queríamos muito contar a história de que já quebramos, porque no mundo do empreendedorismo isso é algo legal, mas nós nunca quebramos. Nós temos um sistema de segurança e você precisa aprender com a história das pessoas para não cometer os mesmos erros.

O QUE SÃO AS FINANÇAS NO CASAMENTO?

Você precisa estudar. Se você é casado e depende de salário até hoje, você está totalmente desinformado na era da informação. Esta é a era de conteúdo e informação da humanidade.

Por que eu não sei de finanças? Muitas pessoas não sabem de finanças porque os pais não as instruíram. Meu pai dizia que uma aposentadoria era ter dez imóveis de aluguel. Nós temos alguns imóveis de aluguel e eu já percebi que isso não é verdade, mas na cabeça do meu velho, que nasceu em 1950, talvez isso seja surpreendente para ele, mas não funciona.

Se você quer algo diferente, terá que estudar, porque seus pais não o ensinaram, a escola não o ensinou, a igreja não o ensinou e ninguém vai ensinar você, nem os seus melhores amigos.

Qual o assunto mais desejado de se dominar no país hoje? Finanças. Esse é o nicho número um. Se você está em dúvida sobre o que deve aprender e o que deve ensinar, vá para finanças. Se dominar sobre finanças, ninguém segura você.

COMO TRAZER LUZ PARA O RELACIONAMENTO?

Como trazer luz em todas as áreas do relacionamento? Seja na criação de filhos, na vida sexual, na vida financeira, naquilo que nos magoa, naquilo que o outro fez e nos chateou.

Óbvio que é trazendo o Senhor para o relacionamento. Quando colocamos o Senhor no meio, todas as coisas fluem e acontecem naturalmente. Mas como? Dialogando, conversando.

Nós julgamos o outro porque achamos que ele sabe o que se passa na nossa cabeça, achamos que ele sabe o que nós estamos sentindo ou pensando.

Se você namora ou está noivo(a), esse é o momento perfeito de vocês conversarem sobre as expectativas de cada um, conversar sobre o que cada um pensa sobre isso. Se você é casado e a situação já virou um caos, agora é a hora de investir em treinamentos e aprender aquilo que é o certo.

Exercício:
Escrevam seus alvos financeiros para daqui a 1, 5 e 10 anos.

_____

_____

_____

_____

_____

_____

_____

_____

_____

_____

CAIXA DOIS

Cuidado com o caixa dois no seu casamento, pois é como dois reis dividindo o mesmo reinado. Vivemos um problema sério em nosso casamento enquanto a Carol entendia que o dinheiro dela era para fazer o que ela quisesse e não queria somar as rendas para pagarmos as contas. Diante da situação, entrou algo do diabo na minha mente e eu disse que ficaria mais rico do que ela e que iria "tocar o terror na

Terra". Na época, era eu quem controlava o dinheiro e minha administração não estava satisfatória para ela. *"Pablo, você acha que é errado termos dois caixas?"*, afirmo que sim, está completamente errado. Não existe sociedade com dois caixas, pois favorece esquemas.

Três meses antes de me casar, recebi uma ligação do meu pai, dizendo: *"Meu filho, não conte para sua esposa o quanto você ganha porque precisa continuar ajudando a sua mãe"*. Na mesma hora, liguei para Carol e disse: *"Eu ganho tanto e eu não quero ter nenhuma reserva com você"*. Meu pai estava me dando um conselho que não funcionava. Eu não desonrei os meus pais fazendo isso, porque isso não é um princípio, mas uma regra pessoal dele. Eu via que o resultado dele era ruim agindo daquela forma, prova disso é que ele tem 69 anos, lava as próprias roupas e a mulher lava as roupas dela e, quando ela lava as roupas do meu pai, ele precisa pagar por isso. Não dá para seguir uma regra de algo que não funciona.

O caixa dois vai fazer vocês ruírem. Se há dois caixas na sua casa, abra mão de um, veja quem tem mais habilidade para controlar as finanças e coloque na mão dessa pessoa. A Carol é contadora e por nove anos ela administrou a família. Eu fui o responsável no primeiro ano do nosso casamento, mas quando eu percebi que ela tinha mais habilidade, deixei na mão dela. Hoje em dia, após estudar bastante, até ultrapassei os conhecimentos dela, mas decidimos confiar nossas finanças às mãos de um profissional e eu faço apenas o acompanhamento e a supervisão.

Se tiverem um caixa dois, terão uma milícia dentro de casa, que vai impedir o crescimento do casal. Sugiro que você leia o livro *Casais Inteligentes Enriquecem Juntos*, do Gustavo Cerbasi. Ele fará uma grande diferença na sua vida conjugal.

Compartilhe com seus filhos o mínimo possível de patrimônio líquido ou físico e muito mais patrimônio intelectual e espiritual. Se trabalhar para passar o patrimônio físico aos seus filhos, eles não vão chegar muito longe, não serão muita coisa nesta Terra.

Direcionem o dinheiro de vocês para um propósito, comecem a gerar riquezas antes de adquirir patrimônio. A aquisição de uma casa, antes de ter um patrimônio que se multiplique, é algo que atrapalha a constituição de riqueza. Entenda que um lar é onde você estiver, não importa o lugar que seja. Se estiver bem com a sua família, o lugar em que estiverem será seu verdadeiro lar.

Dinheiro dividido significa alma dividida, propósito dividido, tudo dividido, e vai ficar mais caro, além de dar muito problema. **O dinheiro precisa ser multiplicado e não dividido**. A soma é poupar, não vai dar em nada; a subtração é o consumidor; quem divide é o insano e o multiplicador é aquele sensato, sábio e sóbrio, as pessoas que estão conectadas com o alvo. Se quer prosperar poderosamente, tenha um único caixa e destine esse dinheiro para o propósito. Essa é a forma com que ele vai multiplicar muito mais rápido. Se tiver algo de errado nesse assunto entre você e seu cônjuge, conversem e resolvam. E a última dica é: não ensinem isso para seus filhos. Não os ensinem a serem individualistas ou separatistas.

A IMPORTÂNCIA DAS FINANÇAS NO RELACIONAMENTO

Finanças é um assunto fundamental para ser tratado antes de entrar no casamento, mas muitos não dão a devida importância. A maioria dos problemas entre casais está relacionada às finanças e isso acontece porque nós fomos doutrinados a fazer de uma forma totalmente contrária daquilo que é adequado para que o casal tenha unidade e linguagem nesse assunto. Se vocês estão noivos, não negligenciem esse assunto, é preciso trazer clareza. Quando nós trazemos luz a tudo aquilo que está oculto, o que está escondido fica às claras.

Desenvolvam maturidade para isso. Muitos casais estão cheios de dúvidas em relação às finanças, por exemplo:

"No casamento cada um vai ter o seu próprio dinheiro?"

"O dinheiro vai ser um só?"

Muitas mulheres são criadas para terem o próprio dinheiro e não depender de ninguém. Quando se casam, não sabem se o dinheiro é do casal ou se cada um tem o seu. O terrível é que muitos não conseguem resolver essa situação e mesmo no casamento ainda dividem as contas.

TENHAM UNIDADE

Quando nos casamos, tínhamos exatamente dez mil reais que havíamos juntado. Tínhamos dez mil reais porque antes de nos casarmos cada um tinha o seu salário e nós conversamos e chegamos ao consenso de que o nosso dinheiro seria um só, não importando quanto cada um ganhava. Guardamos esse dinheiro e compramos os móveis da nossa casa. Foi maravilhoso ver a realização e a materialização da nossa unidade. É preciso que seja um caixa só e não adianta você me falar outra coisa.

Você não precisa esperar o plano ideal para se casar, não precisa ficar focado em coisas que não existem, mas deve focar em uma construção, pois vocês se tornaram uma unidade e vão crescer. O casamento é uma empresa. Nossa empresa tem o nome de indústria da felicidade. As pessoas nos perguntam se compensa comprar uma casa tão cara para a família e o que eu respondo é que a única coisa que importa é a família.

Nós queremos encorajar você a ter uma vida sem controle financeiro e com administração de riquezas. Nós não vimos diferença no primeiro ano, nem no segundo, mas estávamos plantando capital intelectual.

Muitas vezes você está atrás de dinheiro, o dinheiro não vem e você acha que não está progredindo por isso, mas existe o capital intelectual, o capital emocional e o capital financeiro, sendo este sempre o último. É isso que queremos passar para vocês.

A família é a indústria da felicidade, é uma empresa. Depois que eu "instalei esse drive", algo aconteceu.

FAMÍLIA — A BASE DE TUDO

A IMPORTÂNCIA DA UNIDADE FINANCEIRA

Lembrem-se de algo: de tudo em que vocês têm que investir, investam primeiro na casa de vocês. Quando nos casamos nós não tínhamos nada, pois por muito tempo só investimos e hoje estamos colhendo os frutos. Desde o noivado, é importante que haja unidade e que vocês estabeleçam um caixa só.

Isso é uma caminhada, uma trajetória, mas vocês precisam ter um coração em unidade para isso, ou então vão ficar parados no mesmo problema.

Nós temos novos problemas porque avançamos, nós prosperamos e crescemos. Se nós tivéssemos parado lá no primeiro nível, nem saberíamos como seria hoje.

Não existe isso de que cada um tem o seu dinheiro. Isso é um fruto que cheira bem, parece algo moderno, mas traz separação. Por que o "seu" não é o "nosso"? Qual o problema?

Isso é uma separação disfarçada, uma separação dentro do casamento, disfarçada de prosperidade, mas isso não é prosperidade. Quando há prosperidade, há um desfrute mútuo. Existe unidade e crescimento dos dois.

Traga luz e clareza para o relacionamento de vocês. Se vocês tiverem unidade, não tem como dar errado.

Exercício:

Escrevam 5 formas de multiplicar o dinheiro da família.

_____

_____

_____

_____

_____

CAPÍTULO 6

POTENCIALIZAÇÃO DE FILHOS

Se você quer ter acesso a outros conteúdos sobre como salvar seu casamento, criação de filhos, vencer o luto, entre outros, confira o QR CODE abaixo e acesse agora o site do programa A Base de Tudo – uma plataforma completa de conteúdos sobre família que vai transformar seu lar.

AS FASES

Tudo na vida tem processo e todo processo está dividido em fases. Você nasce, cresce, reproduz e morre. Parece triste quando falamos assim, mas é a realidade. Enquanto, na Bíblia Sagrada, Deus nos manda multiplicar, crescer e encher a Terra; o marxismo cultural nos doutrinou – através das escolas, da TV e cultura de massa – que nós não temos que ter filhos, que este mundo está muito mal, então, por que colocar filhos aqui, para sofrerem? **Na verdade, se o mundo está mal é porque você é uma pessoa boa que não está se reproduzindo e esse é o problema desta geração.**

Os casais deveriam ter filhos logo no início do casamento, pois permite terem mais oportunidades e mais tempo para aproveitarem juntos. Porém, a mentalidade atual está invertida. Prioriza-se primeiro "curtir a vida" para depois ter filhos. Quanto mais cedo, mais temos energia para cuidar. Porém, entra a questão de estarem preparados para isso.

Hoje é assustadora a quantidade de pessoas que não querem mais ter filhos. Como se fosse algo errado falar de família. As mulheres têm medo de ter filho e a sociedade aceita e apoia essa decisão que afronta um dos primeiros mandamentos do Criador.

Nesse contexto, quero abordar algumas características de fases da criança para ajudar você. A primeira é a fase de 0 a 7 anos de idade, quando a criança quer dominar tudo, mas na verdade ela só tem 10% dessa capacidade e os 90% desse controle estão nas mãos dos pais. Entenda que se seu filho tiver 100% de controle, ele será uma "ameba" e existem algumas coisas que se não forem ensinadas a ele nessa fase, ele não aprenderá nas outras. Meu filho de 6 anos insistiu comigo, argumentando que queria ter um celular, e eu disse que ele estava em uma fase de aprendizado e que era eu quem estava no comando.

Na segunda fase, que vai dos 8 aos 15 anos, acontece uma ruptura muito pesada. É o segundo ciclo, no qual a criança fica com 60% do controle e você passa a ter 40%. É muito abrupto esse crescimento e os pais começam a pirar, pois querem continuar controlando tudo, mas precisam deixá-los ir. Nessa fase, é necessário abrir mão do governo em relação a diversas situações, e deixar seu filho governar porque ele está sendo treinado por você para assumir o comando da própria vida.

Agora vem a terceira fase, que começa aos 16 e se estende até os 21 anos, quando eles têm 90% do comando e você apenas 10%. O jogo inverte e isso dá uma agonia muito grande porque os pais querem continuar mandando 100% em seus filhos. Se você precisa dar ordens para o seu filho nesta idade é porque você está muito fraco. No começo fica com 90%, na segunda fase fica com 40% e depois baixa para 10%. A partir dos 22 anos de idade, o seu percentual de comando na vida dele é de 0%.

Essa é a fase em que seus filhos devem estar decolando, devem ser donos dos próprios negócios, não devem estar trabalhando para os outros e se isso não está acontecendo com seus filhos é porque você não os instruiu. Se o instruiu com sua insegurança, a criança ficou pior do que você. O percentual de autoridade reflete o tanto que é necessário investir neles. Há pais que fazem tudo errado no começo e depois querem ter tempo com os filhos, quando eles não querem mais dar ouvidos.

As fases determinam o percentual de autoridade que você precisa investir. Relembrando, começa investindo 90% da sua vida, depois diminui para 40% e depois para 10%, até lançá-los para a vida, como se fossem uma flecha. Se o seu filho for muito bem treinado, ele será melhor do que você na vida. Se for uma pessoa 100% bloqueada, seus filhos serão piores, em alguns casos, eles conseguem sobreviver ou se sobressair; mas, via de regra, não. A maior parte fica pior do que os pais, então, não seja uma pessoa bloqueada.

Se seu filho tiver mais de 22 anos, peça perdão a ele e ensine o certo. Diga-lhe que o fato de você ter feito errado não vai sustentar o erro para sempre. Resolva as pendências para que ele possa ajudar os filhos dele, que são/serão seus netos. Sua falha não pode ser justificativa para perder uma geração inteira. Mesmo na sorte, não dá certo, pois geralmente o ataque à família é algo muito pesado.

Se você tem filhos com faixa etária de 0 a 7 anos, entenda que precisa focar 90% do seu tempo para eles, e se não está fazendo isso é hora de redesenhar as suas prioridades, o seu tempo, para investir o que precisa nos seus filhos. Caso contrário, eles serão criados por outras pessoas que não têm a competência de dar aquilo que você pode dar, e isso será um problema na sua vida futura e na sua geração. Tenha em mente que vai chegar um momento em que você não terá percentual nenhum de comando sobre a vida de seus filhos, então deverá sentir orgulho de tê-los criado lançando-os para a vida.

Exercício:

Escreva 5 novas atitudes que você terá para investir na vida dos seus filhos.

SUPERPROTEÇÃO

Vamos falar sobre superproteção e permissividade. Em primeiro lugar, você sabe que existe diferença entre proteção e superproteção? A proteção é aquele cuidado dos pais para com os filhos, que os estimula a crescer. É um cuidado que os protege dos perigos, daquilo que vai colocar a vida deles em risco, que vai machucá-los, mas é um cuidado que não impede o crescimento deles. A superproteção é um cuidado que impede o crescimento dos seus filhos. Enquanto crianças, precisamos aprender a lidar com frustrações para que possamos amadurecer. Uma das características da superproteção é evitar a todo custo que a criança se frustre, no entanto isso impede que a criança tenha contato com experiências que vão gerar amadurecimento justamente por causa da frustração.

Quero compartilhar algumas consequências da superproteção. Ela parece benéfica e alguns pais se orgulham em dizer que são superprotetores, mas isso é muito ruim, pois gera filhos *dependentes*, que têm todos os seus desejos supridos pelos pais e, consequentemente, se tornam pessoas egoístas e egocêntricas.

A segunda consequência da superproteção é gerar filhos *inseguros*, pois não sabem tomar decisões por conta própria, uma vez que não foram colocados em teste, foram reprimidos, não lhes foi dado o direito de "quebrar a cara". A primeira infância é o momento ideal para que nós aprendamos a lidar com a frustração, pois os erros, quando são cometidos nessa fase, têm pouco impacto negativo em nossa vida adulta.

O erro que alguém não cometer nessa fase vai cometer na fase adulta, gerando resultados muito piores. Permita que seu filho erre enquanto ele é pequeno, pois o aprendizado dele será muito maior e evitará erros significativos e sequelas na fase adulta.

A terceira consequência é que a superproteção gera filhos *irresponsáveis*. Ame seu filho por quem ele é, porque esse é o amor de Deus para conosco, Deus não nos ama pelo que fazemos, mas simplesmente porque Ele é amor.

O seu amor pelo seu filho não deve ser determinado por aquilo que ele faz, mas sim porque ele é seu filho. Isso não significa passar a mão na cabeça dele. Não lhe diga que qualquer coisa que ele fizer é suficiente, porque não é assim no mundo real. No trabalho e na escola, ele vai aprender a conviver com pessoas mais inteligentes, mais espertas, sagazes, pessoas mais capacitadas, competitivas e precisará ser ensinado a dar o seu melhor e a ser responsável com aquilo que está em suas mãos.

A última consequência da superproteção aos nossos filhos é a *dificuldade de relacionamentos* que eles podem desenvolver, porque esses pais superprotetores sempre intervêm. É importante proteger os seus filhos de amizades ruins e de coisas perigosas, porém, não podemos (nem devemos) impedi-los de aprender e amadurecer. Desde pequeno seu filho precisa aprender a lidar com pessoas ruins, pois você não poderá levá-lo até a porta da sala de aula da faculdade, por exemplo. Haverá o momento em que vai precisar deixá-lo, para que faça o caminho sozinho.

Somos de uma geração que decidiu não cometer os mesmos erros que nossos pais e muitos se tornaram pais permissivos. **Isso fez com que fôssemos a última geração que obedeceu aos seus pais e a primeira geração de pais que obedecem aos seus filhos.** Lembre-se de que você é o líder, seus filhos precisam de limites, de direcionamento e de liderança. Não seja permissivo ou superprotetor. Permita que eles tenham suas próprias experiências, que cometam erros agora, enquanto ainda são pequenos. Se porventura já passou dessa fase com seus filhos, nunca é tarde para consertar, para pedir perdão por aquilo que você não sabia ou fez de qualquer jeito.

Exercício:

Qual o maior erro que você cometeu na educação dos seus filhos e como tem buscado corrigir isso?

_____

_____

_____

_____

_____

AS FLECHAS

A Bíblia diz que os nossos filhos são como flechas, e a principal característica de uma flecha é que ela tem um objetivo. Na prática, na criação das crianças não é diferente: elas precisam ser lançadas para o lugar certo, por isso, precisamos saber qual o alvo, a fim de lançá-las corretamente.

O alvo é o propósito do seu filho, para o qual ele foi criado, e todos nós temos um. Deus criou tudo para um propósito e o propósito do seu filho é expressar Deus aqui na Terra. Você precisa ter discernimento para ajudá-lo a alcançar esse alvo. Assim, sua função é ser ajudador do seu filho para que ele alcance esse propósito. Quando falamos aqui no livro sobre herança, abordamos que ela precisa ser passada para outro, que deve ser transmitida, e é a sua flecha atingindo o alvo que vai garantir que a sua herança seja passada. Os pais precisam enxergar o alvo, discernir o propósito do seu filho, pois ter filhos não é brincadeira, é algo muito trabalhoso e não podemos negligenciar a criação e a educação deles, visto que à medida que eles vão crescendo, a coisa vai ficando mais séria.

Pode ser que você não saiba, de forma específica, qual é o propósito de Deus na vida do seu filho, e não tem problema, porque Deus dá a todos o propósito geral, que é expressar a glória dEle nesta Terra. Outro dia, estava lendo para os meus filhos uma história de um peixinho que não queria nadar e o pai de todos os peixinhos ensinava a eles como nadar, pois foram criados para isso.

Seu filho foi criado para um propósito e sua função como pai/mãe é ajudá-lo a compreender, a entender isso. O propósito geral de todos nós é que expressemos o Reino de Deus aqui na Terra. Seu filho foi criado para reinar, dominar. Isso é o básico que você precisa saber.

Invista na vida dele para que ele expresse o Reino de Deus, para que ele entenda que é a imagem e semelhança de Deus, que foi criado para dominar e governar a Terra. Você precisa direcionar a flecha. Em primeiro lugar, precisa enxergar o alvo; em segundo lugar, precisa direcionar essa flecha, se não a apontar para o rumo certo, nunca vai acertar, ela não fará curvas, será preciso direcioná-la. Se o alvo é expressar Deus e Seu Reino na Terra, então, você precisa direcionar o seu filho para Deus, precisa ensiná-lo a amar a Deus e a viver no centro da vontade dEle, ensinar que Cristo precisa ser o centro de tudo na vida do seu filho, porque – se ele não aprender isso agora – ficará muito mais difícil no futuro.

O terceiro aspecto é que é preciso afiar a flecha. Pode não fazer sentido para você pensar hoje em afiar uma flecha, mas se dependesse de caçar para comer, certamente estaria preocupado em afiar a sua flecha. Se está afiando a flecha na fase da infância, quando os filhos são pequenos, que é quando se deve permitir que eles falhem, é nesse momento que os valores serão aprendidos e o caráter vai sendo formado. Que você seja um exemplo vivo daquilo que deseja para os seus filhos, porque, ensinando o caminho em que devem andar, jamais se desviarão dele.

Recapitulando, falamos sobre enxergar o alvo, direcionar e afiar a flecha, e agora, em quarto lugar, é preciso ter foco na hora de lançar. Tenha mãos firmes, pois se tremer a mão e vacilar, não vai conseguir. Ensine princípios e valores, coisas que são inegociáveis, ensine seu filho a amar a Deus, louvar a Deus, ensine que ele é amado por Deus e não negocie isso. Declare palavras de vida e de bênção na vida dele. Fazendo

FAMÍLIA — A BASE DE TUDO

assim, tenho certeza de que os seus filhos alcançarão o alvo, expressar o reino e a glória de Deus nesta Terra e dominar sobre todas as coisas.

Exercício:

Qual está sendo o seu testemunho para seus filhos? Quais os 5 princípios que você precisa imprimir na vida deles?

_____

_____

_____

_____

_____

COMO EDUCAR SEUS FILHOS CORRETAMENTE

Até os 21 anos de idade, seus filhos estão em um alto processo de aprendizagem. Na verdade, o aprendizado nunca vai acabar. Na adolescência, seus filhos já têm uma certeza interna de que vocês não servem mais e isso é uma programação que já vem com eles, certamente, você já foi adolescente e sabe bem como isso acontece. A forma correta de educar os filhos é pela liberdade ou canalização. Trocar o controle pela canalização, que é direcionar a energia deles, esse livre arbítrio e liberdade que Deus nos deu.

Atire-os como flechas, não retenha, lance-as. Você precisa ser o cara que vai direcionar, e não controlar a flecha. Se ficar com ela na mão, tentando controlar, jamais vai atirá-la ao alvo. A flecha não é sua e você não pode retê-la.

Os pais são como molas na Terra. Ficam com os filhos na mão por 20 anos, e é como se a mola estivesse sendo comprimida, pegando pressão. Na hora de mandá-los embora para a vida, eles tencionam a mola de tal forma que é só soltar e a flecha vai longe. Esse é o segredo dos pais, que precisam investir tudo que têm em dar atenção, carinho e não bloquear a imaginação dos seus filhos.

Você precisa parar de bloquear seus filhos! Não seja duro demais, nem os humilhe. A afronta humilha; o confronto edifica a vida deles. Seus filhos precisam ser confrontados e se você não proporcionar isso, vai acontecer algo muito sério: eles serão pessoas que não aguentarão o tranco da vida e não gostarão de conflito. Eles precisam aprender em casa, com você, como lidar com conflitos. O que precisa ser limitado é território, jurisdição, circunscrição, mas o que as crianças precisam mesmo é saber usar a energia. Não use a palavra limite porque cansou de ouvir a frase "as crianças precisam de limites!"

Não afirme nada para seus filhos, apenas faça perguntas. Se fizer com que ele próprio diga o que precisa fazer, isso aumentará potencialmente a probabilidade de ele executar tal tarefa. Se der uma ordem que não tenha partido dele mesmo, muitas vezes ele não vai cumprir.

Todos os dias visto a roupa nos meus filhos para levá-los à escola e depois vou buscá-los. Coloco a mesa do almoço e permaneço à mesa com eles porque quero fazer parte dos melhores momentos da vida deles, porque uma hora vou lançá-los para bem longe. Não dê ordem, mas faça uma gestão leve. Na volta da escola, sempre faço perguntas:

– Qual é o próximo passo?
– Guardar a mochila.
– E depois?
– Lavar as mãos.
– Depois?
– Trocar de roupa e logo depois sentar-se à mesa.

Quando passei a fazer isso, comecei a viver em paz. Faça seus filhos verbalizarem o que precisam fazer, pois se der ordem o tempo inteiro haverá 10% de chance de eles executarem e 100% de chance de haver conflitos entre vocês. Porém, quando eles mesmos falam o que precisam fazer, há 90% de chance de conclusão. Eduque seus

FAMÍLIA — A BASE DE TUDO

filhos através do exemplo. Não existe isso de educar a criança com a sua palavra e não com aquilo que você faz, pois eles vão ficar piores a cada dia. A melhor dica é: fale menos e viva mais.

A EDUCAÇÃO DOS GENERAIS

Precisamos ensinar os nossos filhos a terem liberdade e isso não é fácil. Eles precisam ter a permissão para cometerem seus próprios erros, para tomarem suas decisões e consequentemente descobrirem seus acertos. Porém, muitos confundem liberdade com libertinagem.

Uma criança precisa de limites, precisa saber até onde ela pode ir. Ela tem necessidade disso e precisa saber resolver as suas frustrações.

Temos a tendência de querer dominar todos os comportamentos da criança, privando-a de desenvolver-se quando, por exemplo, intervimos em algumas brincadeiras de meninos, não permitindo, assim, que a virilidade masculina seja ativada neles.

Esse tipo de intervenção também costuma acontecer muito quando a mãe não permite algumas atitudes do pai na educação da criança, ou seja, quando ela quer dominar toda a situação e julga que o pai não é capaz de cuidar/educar o próprio filho.

Muitas vezes, educamos nossos filhos para nos agradarem na frente das pessoas. Agimos de maneira diferente quando estamos fora do ambiente íntimo da família. Conversamos com eles de uma forma quando estamos a sós e de outra forma quando há alguém de fora do contexto da casa, pensando no que a visita iria pensar sobre o comportamento deles, e não no que é o melhor para eles. Isso é muito ruim, pois muitas vezes falamos aos nossos filhos para não fazerem isso ou aquilo, justificando que as outras pessoas podem não gostar disso, ou as outras crianças não vão querer brincar com eles e, sem perceber, acabamos ensinando-os a depender da aprovação dos outros.

Precisamos ensinar princípios e não regras. Explicar aquilo que tem valor e é inegociável. O pai deve ensinar confiança e a mãe deve ensinar segurança. Quando você for treinar um homem, não o treine focado em segurança, pois senão ele vai desejar ser um funcionário público, ganhar R$ 10 mil e ficar satisfeito. O homem precisa ter confiança e crescer.

Muita gente quer tratar as crianças como se fossem adultos, sem paciência com os próprios pais e os próprios filhos. Entendam que os seus pais não estão mais na mesma frequência que você. Eles têm outra forma de viver, outros costumes, estão em um mundo diferente. É necessário ter paciência com eles e seus filhos não precisam ter o seu comportamento como referência, mas sim as próprias experiências.

A maior dificuldade da humanidade atual é a falta da figura paterna. Cerca de 40% dos lares brasileiros são comandados por mulheres e essa não é uma boa notícia, pois é muito difícil para elas essa responsabilidade.

É previsto que 80% dos bloqueios das pessoas estão ligados aos próprios pais. Hoje há pais ensinando as filhas a serem fortes, independentes e viris, e mães ensinando os filhos homens a serem dóceis, mimados e preguiçosos.

Mas agora você tem a oportunidade de fazer diferente, de aprender algo novo! Dê uma nova oportunidade aos seus filhos ainda hoje. Não importa o que você fez até agora. Se você não teve esse exemplo de pai, por mais difícil que seja isso e por maior que seja a sua dor, não permita que ela seja desculpa para você não fazer diferente e não permitir algo diferente para a vida dos seus filhos.

Não podemos terceirizar a educação dos nossos filhos para babás, celular, televisão, videogame, escola, igreja, vizinhos *playboys*, avós, tios, Instagram, TikTok etc. Há muita gente querendo influenciar no treinamento do seu "exército".

Na geração anterior, as mulheres ficavam em casa cuidando dos afazeres domésticos e da educação dos filhos enquanto o homem saía para trabalhar. Hoje a mulher também sai para trabalhar, mas a situação está se invertendo e o homem está ficando dentro de casa. Com esse tipo de prática, nenhum dos dois será feliz no relacionamento e na educação dos filhos, porque o homem está indo contra a sua natureza de ser forte, de ser viril, de ser provedor para a família e oferecer proteção; e a mulher indo contra a natureza de ser feminina, delicada, com desejo de ser cuidada. É necessário ter um bom senso e equilibrar essas atitudes. A mulher sai para trabalhar e o homem também, então não há problema algum de os dois se ajudarem.

Portanto, é sensato ensinar seu filho a ajudar nos afazeres domésticos. Se ele não aprende a arrumar a sua própria cama, a tirar o próprio prato da mesa, a guardar os seus brinquedos, como ele cuidará do próprio carro no futuro, cuidar da futura esposa? Corre um grande risco de ele fazer isso com superficialidade.

A menina precisa receber do pai a percepção de segurança, de ser amada e cuidada. Os pais desta geração estragaram as meninas, ensinando que elas não devem depender de homens. Se as mulheres precisam de segurança, quem transmite segurança? A primeira pessoa que transmite segurança é o pai, e a segunda pessoa que transmite segurança? O marido.

É difícil ensinar uma coisa sobre a qual você não tem conhecimento, mas não podemos suprir nossos filhos com intuito de que eles não tenham frustrações. Ensiná-los a errar e a não cair em falhas (errar é uma fase de aprendizagem e falha é quando se cai no mesmo erro). Precisamos treiná-los e temos 160.000 horas para fazer isso (aproximadamente 2 décadas). Aproveite para apreciar a vida com eles!

É necessário buscar conhecimento, pesquisar, estudar sobre o assunto, fazer treinamentos, se qualificar para essa importante missão. Aprenda sobre alimentação, sono, educação, faça cursos, só não deixe isso virar um fardo, um peso. Se você permitir, sempre terá o Espírito Santo para guiar você nos momentos em que precisar.

Criar um filho sem bloqueios é algo impossível. Mas não podemos ser patrocinadores de bloqueios. Eles podem ser uma besteira para quem está de fora, mas algo muito sério para quem está sofrendo. O que é possível é suavizar ou amenizar a situação.

A criação de filhos é uma arte. Devemos estar sempre atentos em relação à educação dos nossos filhos, mas tomar cuidado para não sermos superprotetores. É preciso deixar a criança se levantar de uma queda sem chorar.

A liberdade dos nossos filhos surge quando eles se tornam adultos. Enquanto isso, estando sob nossa tutela, eles têm uma "semiliberdade". Portanto, ainda não devem decidir religião, opção sexual ou o que eles querem fazer. Quando a criança atinge os 16 anos, ou um pouco mais, tende a enxergar seus pais como iguais, perdem a referência de submissão e têm a necessidade de encontrar outros mentores. Daí a justificativa aos conflitos comuns nessa fase. É quando eles identificam terceiros que julgam serem melhores do que nós como pais.

Exercício:

Qual a diferença entre afronta e confronto? Como tem sido na sua família?

_____

_____

_____

_____

_____

DICAS PARA SEU FILHO SE TORNAR UM IDIOTA

Se seu filho fizer do próprio jeito, escolhendo tudo que quer, certamente ele será um idiota. Você precisa dar liberdade, sim, e deixá-lo fazer algumas coisas, porém, se for sempre do jeito dele, não dará certo. Ele precisa saber que tem alguém no comando. Se um menino nunca visualizar a figura de um homem viril, dificilmente ele se tornará um adulto viril e provavelmente será um homem emasculado.

Nunca deixe seu filho fazer tudo que ele quer desde pequeno, pois isso fará com que ele se torne um idiota. Pare de ensinar regras a ele. Foque em ensinar princípios e valores. As crianças não devem decidir o horário de ir dormir, o horário de comer, as opções de comida, sabores etc. Você é responsável pelo seu filho. Não negligencie isso. Dê direitos a eles, mas não imponha o dever de exercer esse direito.

Desligue o celular e a televisão. Não deixe o celular nas mãos deles. Criança não precisa de telefone e ele não deve estar nas mãos das crianças. É difícil aceitar isso, pois é confortável ir a um restaurante e deixar as crianças no celular ou no *tablet* para não ser importunado, não é verdade? Mas você perderá a comunhão de estarem reunidos durante a refeição, de poder conversar e interagir com seus filhos.

Essa fase vai passar e, quando passar, você vai se arrepender por não ter feito diferente. Permitindo que eles fiquem entretidos com essas opções tecnológicas, você está concedendo que outras pessoas os eduquem com conteúdos dos quais, às vezes, você não tem o total conhecimento e que, na maioria das vezes, não apresentam valores e princípios. Mesmo um desenho animado deve ser observado com muito cuidado. Por outro lado, não é necessário ser radical. Não podemos deixar chegar ao ponto de eles se interessarem em buscar essas opções fora de casa. Saiba instruir e impor limites para que não ocorra o oposto. Aprenda a conversar sem precisar reprimir ou repreender.

Observe um exemplo prático: se a criança fica uma hora ou mais assistindo a um conteúdo na televisão, quando você desliga ela fica transtornada! As reações mais comuns são a criança ficar extremamente apática, sem saber o que fazer depois disso, ou revoltada, "destruindo" tudo o que encontrar pela frente. Isso demonstra que esse tempo de sossego que você teve durante o período em que ela estava assistindo não valeu a pena. Seus filhos darão muito mais trabalho depois disso. Foi um sossego falso, uma enganação e não um tempo de qualidade.

Diminuindo esse tempo o quanto puder, será possível observar as crianças mais calmas e entrosadas, melhores em relacionamentos. Aproveitem os momentos das refeições para terem mais entrosamento, para conversarem, contarem histórias. Seja intencional nessas horas. Não é e nunca será uma tarefa fácil para ninguém, então por que para você tem que ser fácil?

Inteligência emocional precisa ser ensinada desde cedo e a linguagem utilizada deve ser a mais clara possível para que a criança entenda a mensagem. Além disso, não desista de mostrar e ensinar conceitos.

Os pais, quando educam as filhas, devem ensinar o que é segurança, vulnerabilidade, cuidado e sensibilidade. Precisam demonstrar os valores que um homem deve ter, sendo eles a referência com base na qual elas buscarão seu futuro marido, de forma consciente ou não.

As mães precisam treiná-las a serem generosas, bondosas, cuidadoras, a servir, honrar, trabalhar e respeitar. Não critique seu marido na frente das suas filhas. Essas sementes são malignas e podem germinar e crescer dentro delas. As mães não podem destruir a imagem dos homens para suas filhas.

Em situações difíceis de resolver e contornar, não fale palavras que menosprezem ou denigram a imagem da criança. Não reforce o comportamento errado que ela teve, pois isso pode transmitir uma identidade errada para ela. Às vezes, é melhor partir para um conflito e, então, resolver a situação na conversa. É fundamental para a criança vivenciar as frustrações cotidianas, assim como é necessário entender como liberar o perdão, para que não haja ressentimento. Faça aquilo que precisa ser feito, de acordo com aquilo que você precisa fazer. Um bom "NÃO" produz maturidade para quem fala e para quem ouve.

Os pais são como uma máquina de significado para os seus filhos, que estão sempre perguntando qual o significado das coisas e normalmente nós damos as respostas. O correto é instigá-los a encontrar essas respostas. Você precisa estimular o seu filho a estudar, a buscar informações. Lembro-me de que eu precisei estudar para ser pai, para ficar noivo, para casar e depois que eu casei fiz curso de finanças, tudo voltado para o casamento. Por que será que as pessoas não treinam essas coisas? Geralmente as pessoas estudam para tudo, menos para cuidar de sua família.

Você tem que entender que a vida é uma tempestade, está todo mundo se afogando e você é alguém que precisa entrar em um barco, ter confiança no que você está fazendo, para resgatar pessoas. Nosso tempo aqui na   Terra é sobre resgatar as pessoas. Você sabe o que mais me entristece? É quando eu vou em um velório, e não é por causa do morto, pois sei que ninguém segura a morte, mas é ver túmulos onde estão enterradas pessoas que morreram na ignorância, que não cumpriram seu chamado. A maioria delas exaltou a ignorância e amou a tolice, sendo néscias em tudo que fizeram. É possível que a frase que mexe com meu coração tenha saído da boca de muitas delas: "Nós estudamos para ganhar dinheiro, mas não para cuidar da nossa família". Então, a frase que tenho para você hoje não é: "Vá cuidar da sua vida!", mas "Vá cuidar da sua família!".

Uma outra forma de seus filhos se tornarem idiotas é se eles só estudarem na escola, no ensino regular. Eles precisam amar estudar fora do contexto escolar, e estudar assuntos que façam sentido para a formação do propósito deles. Por melhor que seja a escola, ela está preparando seu filho para ser um operário. Se ele quiser ser uma pessoa livre, terá que estudar por conta própria e quem vai iniciá-lo nesses estudos é você porque, se não ensiná-lo a cumprir princípios, deixando-o cumprir apenas as regras, ele se tornará um idiota. Privar seus filhos de contato físico com outras crianças, principalmente se for menino, também o tornará um idiota. Matricule-o em um esporte de luta, brinque de "lutinha", porque toda criança segura não bate em outras crianças. A criança insegura é a que bate nos outros.

Outra maneira de transformar seu filho em um idiota é ensiná-lo a reclamar, a ser vitimista, pois ele ainda vai ferrar com uma geração toda. **Questione o que está errado em sua criação.** Se seu filho pergunta para você a todo tempo se pode fazer determinada coisa, há grandes chances de ele se tornar um idiota. Quando uma criança pergunta muito aos seus pais se pode fazer determinadas coisas, é porque tem um general acima dela. General é até bom, mas o problema é que ele é ditador e quando seu filho se tornar um adulto, ele vai pedir ao governo para abrir uma empresa e tudo na vida dele vai depender da autorização de alguém.

Não deixe seu filho ser uma criança sem autonomia. Nosso cérebro possui sensores que nos dão a noção do que fazer e do que não fazer, e o seu papel é estimular o funcionamento desses sensores na cabeça do seu filho. É melhor uma criança que você precisa puxar porque está indo rápido demais do que aquela que precisa empurrar.

Se quer ter filhos idiotas, faça com que eles se pareçam com você. Se ele ficar igualzinho, já não serve para a próxima geração. Seu filho tem que ser uma flecha que vai chegar mais longe, logo, ele não tem que parecer com você, tem que parecer com alguém que ele será na geração dele, com alguém que Deus falou que ele precisa ser e não com você. Lance essa flecha o mais longe que puder. Não deixe seu filho se tornar um idiota, pois ele pode salvar esta geração.

Exercício:
Pense em quanto você tem terceirizado a educação dos seus filhos e escreva como pode assumir as responsabilidades que lhe cabem.

HERANÇA PARA OS FILHOS

Os filhos são herança do Senhor. Vamos falar aqui sobre cinco aspectos que deixarão claro o que, de fato, significa essa herança.

Em primeiro lugar, a herança é dada por Deus a nós e talvez você possa estar pensando como pode ter sido dada por Deus se seu filho não foi planejado ou sequer desejado, apenas aconteceu. Talvez tenha vindo em um momento não muito favorável, mas, independentemente de qualquer situação, quero dizer que Deus planejou seu filho, **porque a herança vem na hora em que o doador deseja, e não na hora em que o beneficiado pretende recebê-la.** Então, seu filho chegou no momento certo que Deus havia planejado para ele.

Um segundo aspecto da herança é que ela envolve uma questão de legalidade. Ela não é dada a alguém por merecimento, mas porque aquela pessoa é um herdeiro legal e possui direitos. E nós temos legalidade natural e espiritual sobre os nossos filhos. A legalidade natural é aquela que temos perante a lei, o mundo natural, enquanto a legalidade espiritual é aquela dada por Deus sobre a vida dos nossos filhos. Então, temos responsabilidades quanto à vida dos nossos filhos perante Deus. Temos a autoridade e o poder para instruir, treinar, corrigir e investir na vida deles. Você pode ficar confuso, perguntando a Deus o que fazer com esses filhos, mas a grande verdade é que, quando nasce um filho, também nasce uma mãe e um pai, porque a herança autoriza e dá legalidade para você investir e cuidar da vida dessa criança.

O terceiro aspecto é que a herança deve ser preservada, e não pode ser negligenciada. Quando o filho nasce, algo natural e instintivo acontece, capacitando você a cuidar dele, mas você não pode contar apenas com o instinto, porque cuidar de um filho é algo que dá trabalho; ter um filho é fácil, porém o mais difícil é criar, educar e ensiná-lo. Se você focar somente naquilo que a natureza lhe proporciona, certamente não vai conseguir educá-lo bem e vai errar muito mais durante o percurso. Você precisa ter a responsabilidade na educação dessa criança, para investir tempo e dinheiro, se qualificando para cumprir essa missão, adquirindo instrução, lendo livros, fazendo cursos e o que for preciso para se capacitar. Para sermos profissionais, investimos tempo e dinheiro, mas, para exercer a maternidade e a paternidade, queremos que tudo aconteça naturalmente; é certo que as consequências disso não serão boas. Invista o que puder para adquirir conhecimento e se tornar um pai e uma mãe ainda melhor, cuidando da herança que Deus lhe deu.

O quarto aspecto dessa herança é que os filhos são o nosso maior patrimônio. Você pode sair de casa todos os dias para ganhar dinheiro e prosperar, isso é maravilhoso, mas a base e o sentido de tudo é a sua família e seus filhos e não adianta ter todo dinheiro do mundo se não tiver essas pessoas para desfrutar com você. Sua família, seus filhos são o maior patrimônio que você pode ter nesta Terra.

Em último lugar, é preciso entender que uma herança não é para ser gasta, não é para que se acabe com ela, muito pelo contrário, é para que se cuide dela, a fim de que seja passada para outros. Os filhos que Deus lhe deu não são para o seu deleite, mesmo que exercer a maternidade e a paternidade seja algo maravilhoso, mas não podemos perder o foco de que **Deus nos deu filhos para cuidarmos e torná-los instrumentos dEle, para dar a eles a armadura e o revestimento necessário para que cumpram o seu propósito nesta Terra**. Por isso, é tão importante identificarmos o propósito dos nossos filhos e investir neles, para que essa herança que recebemos transborde na vida de outras pessoas.

Exercício:

Como você está investindo na herança espiritual dos seus filhos?

CAPÍTULO 7

A CAIXA PRETA

Se você quer ter acesso a outros conteúdos sobre como salvar seu casamento, criação de filhos, vencer o luto, entre outros, confira o QR CODE abaixo e acesse agora o site do programa A Base de Tudo – uma plataforma completa de conteúdos sobre família que vai transformar seu lar.

VÍCIOS

O vício é uma fuga de um estado emocional. É quando você não consegue fazer gestão das suas emoções e precisa fugir. Todas as pessoas que bebem qualquer tipo de bebida alcoólica em excesso, que se utilizam da pornografia, usam eletrônicos descontroladamente, estão debaixo da ditadura da tecnocracia e estão em fuga, pois todo vício é uma fuga.

SEU CÉREBRO ADORA UM VÍCIO PORQUE ELE FICA SÓ APERTANDO O BOTÃO DO "REPLAY".

É muito simples, fácil e menos trabalhoso para o seu cérebro ficar acionando o *"replay, replay, replay, replay"*. Isso é o vício e se você está desse jeito é porque não consegue apertar o *"rec"* da sua vida. O *"play"* solta um vídeo, o *"replay"* repete o vídeo e o *"rec"* é para gravar aquilo que se está vivendo agora.

O vício de bebida atinge aquelas pessoas que vivem em profundo estado de solidão, ou querem viver num estado de poder, porque se tornam pessoas divertidas e engraçadas, logo, se tornam mais aceitas. No que diz respeito à pornografia, o viciado normalmente pratica nos mesmos horários e com os mesmos hábitos. Para se livrar disso, precisará desbloquear a sua mente e isso só será possível voltando ao passado, quando começou essa história.

Existem pessoas que são viciadas em jogos e também em eletrônicos. Qual seu vício? Ele emburrece até uma pessoa muito inteligente, toma seus melhores dias, usa toda sua energia para ficar apertando *"replay"*. Não deixe seu cérebro cair nessa armadilha.

A fofoca e a preguiça são dois vícios terríveis. Seja uma pessoa livre! Faça uma lista dos seus vícios e substitua-os por comportamentos, para sair deles. Eu tinha um vício tão forte em *Coca-Cola* que eu não podia ver um lugar vendendo, que eu precisava parar e comprar, até que decidi me livrar desse vício, em 2016, e hoje, quando eu e meus filhos passamos por um caminhão da *Coca-Cola,* fazemos careta.

Lembrem-se: se você está dando *"play"* demais, se você está vivendo no passado, se você está dando *"replay"*, está vivendo no automático, na repetição; apertar o *"rec"* é viver o hoje e fazer a sua vida acontecer de forma inédita todos os dias.

Se você sofre com algum vício, se tornou escravo e perdeu sua liberdade, seja uma pessoa livre!

Exercício:

Identifique comportamentos que vem tendo, pois está apertando o *"replay"*. O que você fará para mudar isso?

_____

_____

_____

_____

FALÊNCIA

Um reinado é constituído de um patriarcado, de um rei, uma rainha, um exército e um patrimônio. Falo isso para que você possa entender e destravar isso na sua cabeça. Se você, por exemplo, é uma pessoa pródiga, vai destruir o reino que é estabelecido através da sua casa, da sua família e da mensagem que queima em seu coração. Se ela a família não estiver em ordem naquilo que foi programada para ser, vai falir.

A primeira coisa que traz a falência para uma família é a agressão física; uma outra é o adultério. A apatia que leva a não se preocupar com nada nem ninguém, a fala e a falta de respeito também podem falir uma família. Quando você entende, de fato, o que é reinar e tem essa revelação plena da sua identidade, você não abrirá mão da sua família. Acredite! Sua família é um reinado.

Quando um dos cônjuges desiste, já entrou em processo de falência, mas todo processo de falência é passível de recuperação, então não se apavore. Você só precisa entrar em recuperação judicial ou recuperação conjugal.

Em 1929, a economia dos Estados Unidos estava quebrada e um economista teve a brilhante ideia de criar coisas que as pessoas não poderiam continuar utilizando depois de seis meses. Eles pararam de fabricar coisas boas e passaram a fabricar coisas ruins, criando algo chamada obsolescência e, assim, levantaram a economia do país.

Estou lhe contando isso para alertá-lo de que, para falir seu casamento, basta criar situações obsoletas na criação dos seus filhos e na sua casa. Aqueles homens conseguiram levantar a economia dos Estados Unidos, porém destruíram muitas famílias. Antigamente, as pessoas gostavam de consertar as coisas. Aliás, essa é uma dica para você e para mim: precisamos gostar de dar manutenção nas coisas. Cuidar do jardim, por exemplo, é algo que faço na minha casa, inspirado por um grande empresário, meu vizinho, que cuida do seu próprio jardim. Penso que Deus criou o Jardim do Éden para o homem cuidar e quando ele deixou de cuidar, fez besteira.

Há pessoas que não decretaram a falência, mas que estão falidas há anos; falidas sexualmente, financeiramente, falidas em seus relacionamentos, vivendo relações cheias de agressão física ou verbal. Se esse é seu caso, você precisa entrar em recuperação conjugal: uma recuperação espiritual, de corpo e de alma. **Só o fato de você levantar, correr, começar o seu dia em oração, agindo nas três esferas, corpo, alma e espírito, movimentará sua vida.**

Uma família falida é quando cada membro vai para um lado e isso é um estado permanente. Estado de falência não significa que vai perder, mas que, se não tomar providências, esgotará os recursos e não é preciso submeter sua família a isso. Não submeta sua história nem seu futuro à falência. Você está gravando um filme da sua vida e precisa parar de ser otário. Para quem quer falir, basta deixar de cultivar. Assim como o jardim aqui da minha casa, que está precisando de manutenção, cuide da sua casa como se fosse um jardim. Não pare de cultivá-la nem um dia porque sua família é responsabilidade sua como matriarca ou patriarca. Cuide da sua família!

Exercício:

O que você pode fazer para evitar que sua família entre em falência?

_____

_____

_____

_____

_____

RELACIONAMENTOS

No mundo espiritual, você pode dar uma ordem sobre quem anda com seu marido, com sua esposa ou com seus filhos. Isso é algo determinante para a sua família, pois andar com pessoas desestruturadas vai deixá-lo(a) desestruturado(a) também. Cuidado com amizades perigosas, muitas vezes dentro da própria igreja. Eu cansei de ver pessoas no mesmo grupo familiar caírem em adultério.

A esposa precisa ter muito cuidado se ela tem um marido viril, porque se ele achar uma mulher muito feminina, se sentirá atraído por ela. *"Deus me livre, meu marido é um homem de Deus!"* Ele pode "pegar" apenas as mulheres que também são de Deus. Pode parecer pesado o que estou apresentando aqui, mas, acredite, é a mais pura verdade. Você precisa cuidar disso na sua família, para não sofrer as consequências no futuro. Pode ser que um amigo ou uma amiga goste tanto de você que queira cuidar do seu cônjuge para você. Fique alerta!

Eu não tenho ciúmes da minha esposa, como disse anteriormente, mas eu não tiro o olho dela porque ela é muito feminina e um homem viril por perto sempre representa perigo. É sua obrigação não deixar seu cônjuge exposto a uma situação como essa. Ouça o conselho que eu estou dando a você.

Falando de relacionamentos e amizades, você precisa andar com pelo menos cinco casais que estejam crescendo. **Não se preocupe com os seus amigos do passado, mas invista em se relacionar com pessoas que estão crescendo como você, que estão construindo patrimônio, que são espirituais, que gostem de viajar e ande cercado por elas**.

Uma outra direção sobre relacionamento é que você precisa frequentar uma igreja e servir com seu patrimônio naquele local. Ajude em alguma comunidade próxima porque, quando transbordamos na vida de pessoas, nossa caixa d'água enche ainda mais.

O alerta aqui é para que cuide das pessoas que cercam a sua família. Não tem como não crescer, vivendo cercado de pessoas que estão em crescimento. Tenha um olhar sagaz para perceber quem são as pessoas nocivas e as que podem acrescentar na sua vida e na sua família. Uma das chaves importantes que aprendi na vida é respeitar as pessoas, o tempo delas; se não querem crescer, deixe para lá. Seus relacionamentos determinam para onde você está indo.

FAMÍLIA — A BASE DE TUDO

Exercício:

Quem são as pessoas que andam com sua família e quais serão mantidas a partir de agora?

_____

_____

_____

_____

_____

O que eu mais amo é ver famílias transformadas. Você sabia que 43% de todo tráfego da internet é **pornografia**? Isso é para atacar a sua família, pela mídia _streaming_, e se você não assiste, pode ser contaminado pelos amigos que assistem. É por isso que sempre vemos vários artistas se divorciando e fazendo "doideiras". Nunca se baseie em pessoas que não conseguem honrar com as próprias palavras. Meus pais se divorciaram quando eu tinha 6 anos, e o carinho que eu tenho por famílias começa daí, porque foi terrível ver minha família se desfazer, e o mérito não é fazer com que eles voltem. O mérito é poder salvar a sua família.